AF346566

1ʳᵉ Edition.
—
1911.

Professeur Desbonnet

POUR DEVENIR BELLE

...ET LE RESTER.

*Manuel de
Culture Physique
de la
Femme.*

PARIS
LIBRAIRIE ATHLÉTIQUE.
—

48, FAUBOURG
POISSONNIÈRE.
—

LA BEAUTÉ

La Beauté est le plus sûr garant du bonheur de la Femme

> « Je ne puis dire assez souvent combien j'estime la beauté : qualité puissante et avantageuse... Non seulement aux gens qui me servent mais aux bêtes. Je la considère à deux doigts près de la bonté ».
>
> (MONTAIGNE, *Essais*).

La nature, pour assurer la conservation de l'espèce, a donné à la femme la mission éternelle de plaire à l'homme.

La Beauté féminine

Le premier intérêt de la femme est donc d'acquérir ou d'augmenter et ensuite de conserver la beauté, qui est l'arme la plus puissante dont elle dispose dans le duel incessant des sexes où la femme joue à chaque instant son bonheur.

Or, dans cette lutte constante d'attractions et de forces antagonistes, provoquée par le génie de l'espèce, que nous dénommons par ce doux mot, l'amour, dans cette lutte, la beauté est toujours victorieuse.

La femme belle marche dans la vie comme une reine, elle captive et domine tout, le monde est à ses pieds.

Comme le papillon de nuit est irrésistiblement attiré par la lumière, l'homme est toujours charmé par la beauté dans la femme.

La femme belle n'a donc qu'à tendre la main pour cueillir son bonheur, elle peut choisir en toute indépendance celui qui le lui assurera d'abord par un amour qu'elle partagera, puis par une vie large et facile, grâce à la fortune que l'homme amoureux d'elle mettra dans l'association ou que, par un travail opiniâtre, il saura acquérir.

En tous temps, en tous pays, c'est la beauté qui a gouverné le monde ; il en a été ainsi depuis qu'Adam se prosterna devant la beauté de la première forme féminine, il en sera de même éternellement, à travers tous les mondes de l'univers.

Il est important de remarquer ce qui différencie l'homme du reste de la création. C'est un point tellement à son avantage qu'à lui seul il suffirait à établir sa supério-

Aphrodite

OEuvre du professeur Eugène Börmel, de Berlin

rité et son droit au titre de roi du monde.

C'est que dans le rôle de l'amour, l'homme fait œuvre de sélection.

Les philosophes ont beau affirmer que l'homme, comme ses frères inférieurs, est soumis aux lois de l'instinct et poussé par une force qu'il ne peut ni combattre ni contrôler, l'expérience du passé et l'observation de la vie nous prouvent, au contraire, que l'homme, l'être civilisé, affiné, pleinement développé, est guidé dans son

Jeanne DELVANE
La beauté blonde

cendant, la force magnéti-
que de la beauté, et quels
grands avantages elle possède sur toutes les autres
qualités ou vertus de la
femme.

La beauté éclate aux
yeux et les éblouit; elle est
la manifestation extérieure
de la perfection physique, à
laquelle on est enclin d'attribuer tous les dons de l'intelligence et tous les ten-
dres sentiments du cœur.

Par contre, les plus hau-
tes qualités intellectuelles
et morales, les plus nobles

choix par les lois supérieures
de l'évolution et du perfectionnement de la race.

En d'autres termes, il cherche une satisfaction morale
dans la fonction de l'amour.

Le sens d'aimer s'élargit,
s'intensifie pour lui, à mesure
que sa nature s'élève.

Il aime avec tous ses sens,
et la vue tient dans ce procédé
complexe la première place.
C'est, en effet, par les yeux
que l'homme est tout d'abord
séduit, et l'on peut dire que
l'amour commence pour l'homme dans son sens esthétique,
dans cet invincible attrait
qu'exerce le beau sur tout
être capable de l'apprécier.

Il est facile, donc, de dé-
duire de ce fait quel est l'as-

YETTA RIANZA

La beauté brune

aspirations d'une belle âme, les sentiments les plus beaux, la bonté, la tendresse, le dévouement, l'intensité du besoin affectif, tous ces

(Photo Reutlinger)

LINA CAVALIERI

(Photo Reutlinger)

DELNA, de l'Opéra

précieux attributs de la femme sont souvent cachés ou voilés par une forme inharmonieuse ou disgracieuse, et parfois sont presque annihilés par quelque défaut très apparent.

(Photo Reutlinger)

Mme Simone

(Photo Reutlinger)

LIANE DE POUGY

C'est ainsi que beaucoup de femmes très dignes d'être aimées, et même très aimées, ne peuvent vraiment l'être que lorsqu'on les connaît suffisamment pour apprécier les qualités incontestables qu'elles recèlent au fond d'elles-mêmes.

Mais comment peut-on les connaître, si rien n'attire vers elles ? si, à défaut de beauté, elles ne possèdent pas un quelque chose, un attrait indéfinissable qui subjugue l'homme à son insu ?

En général, la femme qui n'est pas belle et qui est consciente de son infériorité, est timide et réservée, ce qui met une barrière de plus entre elle et son bonheur possible. D'autres fois — et ceci est plus grave — elle est jalouse, envieuse et amère d'une infortune imméritée, et ses sentiments se reflétant sur son

(Photo Bert)

Bessie CLAYTON

visage lui enlèvent peut-être son unique attrait, l'expression de sympathie.

Il en résulte que les femmes sans beauté, par leur manque d'attrait pour l'homme, sont moins aptes à réaliser leur idéal de bonheur.

Si elles sont richement dotées, on les épouse par intérêt, et dans leur mariage sans amour, au lieu de s'épanouir, selon la loi de nature, au souffle d'une grande affection, elles ne connaissent que l'abandon, les infidélités presque évidentes du mari, la solitude et, pis que tout, l'humiliation.

Cependant, il est bien peu de femmes qui soient dépourvues

(Photo Reutlinger)

LA BELLE OTERO

d'attraits au point de ne pouvoir être heureuses et aimées. Il suffirait de faire ressortir les beaux côtés, d'améliorer l'ensemble et de faire un tout harmonieux qui ne peut manquer d'avoir une certaine beauté.

Il suffit, en somme, pour être belle de vouloir l'être, de le vouloir fortement, et de suivre les conseils et les indications que nous donnons dans ces pages.

La beauté est la garantie du bonheur de la femme, et il faut seulement qu'elle se rende compte de cette vérité, vieille comme le monde, pour qu'elle devienne belle. Car ce que femme veut, elle le peut.

La femme, qu'on se plaît à qualifier de frivole et d'inconstante, est douée d'une ténacité et d'une endurance étonnantes quand les choses lui tiennent au cœur.

La femme, créée pour l'amour et la maternité, est toujours prête à se sacrifier pour ses sentiments, pour tout ce qui est à elle par l'affection, et c'est dans ce domaine qu'elle atteint toute sa grandeur.

Rarement, sinon jamais, elle sacrifiera ses sentiments à des idées, à des choses abstraites.

C'est de là qu'on la juge superficielle et personnelle.

Jane DELYANE
La beauté parfaite

(Photo Bert)

Or, c'est là une grosse erreur. Il est aisé de le prouver par des exemples vivants. En ce vingtième siècle, où tant de femmes cultivent leur intelligence au même degré que les hommes, parmi celles qui ont fait des humanités et qui ont pesé tous les systèmes philosophiques et toutes les idées antiques et modernes, il y a des femmes, et nous en connaissons, des femmes vraiment femmes qui, malgré leur érudition et leurs succès de savantes, estiment et proclament hautement que la femme est faite pour la vie des sentiments et que son bonheur n'est pas possible en dehors de l'amour.

C'est donc un signe de sagesse et non de légèreté que la femme se consacre spécialement à la vie sentimentale et qu'elle soit la prêtresse de l'amour, puisque c'est surtout dans l'amour qu'elle trouve son bonheur,

D'autre part, puisque pour être aimée, dans toute l'acception du mot, il est indispensable, comme nous l'avons déjà démontré, d'être belle, toutes les femmes voudront posséder la beauté, cette précieuse clef qui leur ouvre toutes les portes de l'existence, et le Sésame qui leur permet de découvrir tous les trésors de tendresse du cœur masculin.

De plus, ce qui n'est pas à dédaigner, la femme belle reçoit en

(Photo
Reutlinger)

Cécile SOREL, de la Comédie-Française

(Photo
Reutlinger)

Gaby DESLYS

hommage, avec l'adoration de celui qui l'aime, la jouissance de la fortune qu'il possède, ce qui contribue beaucoup au bonheur de la vie.

On dit qu'à notre époque l'intérêt prime tout, que la poésie du sentiment est morte, que l'égoïsme gouverne notre siècle, que l'amour dans le mariage n'a plus aucune place.

Laissez dire les pessimistes, et constatez plutôt les faits d'actualité moderne et romantique.

Grâce à sa beauté, la toute gracieuse Anita Delgado, la célèbre danseuse de Malaga, est maintenant la femme du maharajah de Kapurthala, l'un des plus riches princes hindous.

La belle Lina Cavalieri s'est mariée avec un riche Américain, qui avait été subjugué par son charme et sa beauté.

Simone Le Bargy est devenue Mme Casimir-Perier, grâce à son talent et à sa beauté.

Liane de Pougy a, par sa beauté, captivé et épousé le prince Ghika.

Delna, de l'Opéra, s'est mariée avec un millionnaire.

La baronne de Vaughan a reçu, pour sa beauté et sa jeunesse, l'amour et la couronne d'un roi, en se mariant avec Léopold II.

Mlle Broocks devint la femme de Sandow, propriétaire des marques d'appareils de culture physique, qui rapportèrent des millions à l'inventeur.

Cécile Sorel, de la Comédie-Française, a été sollicitée de nombreuses fois par des millionnaires américains qui lui offraient leur main et leur fortune.

Et certes nous devons bien citer encore la belle Otero, qui eut des demandes en mariage de millionnaires par douzaines.

Et tant d'autres qui n'avaient que leur seule beauté pour s'imposer et qui n'ont eu que le choix des plus beaux partis.

Or, il ne faut pas croire que ce tribut d'admiration payé à la beauté soit particulier aux Français ou aux nations latines.

Non, bien au contraire.

Les lords anglais, les riches Allemands, les Russes et les rois de l'or américains se marient encore plus facilement avec des femmes qui n'ont, pour toute fortune, que leur beauté.

Il est inutile d'insister davantage sur le bonheur qui attend presque toujours la femme belle.

Ce qu'on entend par la Beauté

S'il est vrai que la perfection symétrique et la régularité des traits et des proportions constituent la beauté physique du corps, il ne faudrait pas croire que l'harmonie des lignes seule soit nécessaire pour faire une femme belle.

Il y a, en effet, d'autres éléments qui sont tout aussi in-

La beauté de marbre peut s'exhiber nue

dispensables, et certains même le sont à tel point qu'aucune autre condition ne peut y suppléer.

Le premier élément de la beauté, c'est la santé. Il faut se bien porter, c'est essentiel.

Il ne suffit pas de n'être pas malade ou maladive, il faut un excès de force, il faut resplendir de santé,

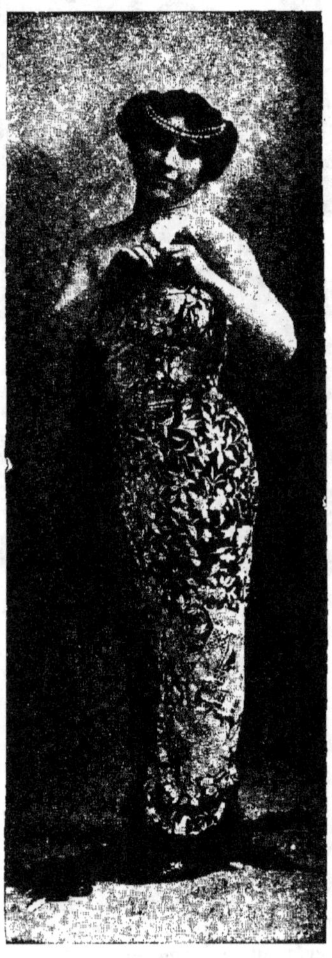

La beauté vivante doit se cacher

(*Photo Vérascope Richard*)

Mlle Louli D...
La beauté sculpturale

vements élégants et arrondis.

Pour belle que soit de forme une femme délicate, il est évident qu'elle perd tous ses charmes par son manque de santé.

Ses yeux sont ternes et sans vie, le teint est jaune, opaque, terreux ; les cheveux perdent leur éclat naturel et blanchissent prématurément ;

(*Photo Vérascope Richard*)

Mlle Louli D...
L'art antique n'a rien produit de plus beau que cette statue vivante où toutes les perfections de la femme sont assemblées en une seule personne.

pour qu'il s'émane de la personne comme un rayonnement de vie.

La santé parfaite donne le teint blanc et rose, les lèvres fraîches et jolies, des dents nacrées, de beaux cheveux, des yeux brillants de sourire et de jeunesse.

La santé donne des membres potelés et blancs, un beau buste ferme et arrondi, une taille souple et des mou-

les dents noircissent, se gâtent
et tombent; la plus jolie taille,
sans force dans les muscles abdominaux, ne peut plus se
soutenir, et s'affaisse; toute
la personne se ratatine parce
que le corps a perdu son élasticité.

Pour être vraiment sédui-
sante, la femme a besoin de vigueur, d'une exubérance de vitalité.

(Photo Vérascope Richard)

Mlle LOULI D...
La beauté féminine parfaite

Elle a besoin de santé,
non seulement pour être
belle, mais encore pour pouvoir jouir pleinement des
privilèges que la vie lui confère, et surtout pour remplir la tâche que la nature
lui impose en tant que
femme.

C'est que la femme est,
physiologiquement, très richement dotée, puisqu'elle
est constituée pour entretenir le courant du fluide
nourricier pour ses besoins
propres, et pour alimenter
les êtres en formation
qu'elle porte dans son sein.

Elle a des organes capables de subvenir à deux existences simultanées, soit pendant l'état de gestation, soit pendant l'allaitement.

Ce fait est un argument qui plaide la grande nécessité de la santé pour la femme, et il est évident à tous que si elle n'a pas la vigueur voulue pour assumer les responsabilités de l'existence, elle ne peut jamais être belle.

Donc, nous disons : *Pas de beauté sans santé.*

Nous parlons, d'autre part, de l'élégance comme élément de la beauté.

Or l'élégance dépend de la souplesse, et la souplesse ne peut exister sans la santé.

Une personne faible, qui a grand'peine à se mouvoir, ou qui éprouve du malaise et de la fatigue dans ses moindres mouvements, cette personne ne peut pas être gracieuse et élégante, puisque son but est l'économie de sa force, et que, par contre, l'élégance n'est produite que par un excédent et un superflu de maîtrise et de dépense d'énergie.

Ici encore, nous disons donc : *Pas de grâce et d'élégance sans santé.*

La beauté est le reflet et le résultat d'une santé parfaite.

D'après cette définition, il est clair que toute femme peut acquérir la beauté, un genre de beauté personnelle.

Il suffit de chercher l'harmonie des formes, d'augmenter ou réduire telle proportion qui est en défaut, et ensuite de viser à acquérir ou conserver une vigoureuse constitution.

Ces deux conditions essentielles, symétrie et santé, sont accessibles à toutes les femmes par la culture physique bien comprise et surtout régulièrement appliquée; par toutes sortes d'exercices qui demandent de l'activité, les jeux, les sports, la marche; par une hygiène rigoureuse et suivie, et par des soins spéciaux à toutes les parties du corps, pour y entretenir les rondeurs, la tension de certains muscles élévateurs et la souplesse dans toutes les articulations.

Nous ne saurions trop insister sur ces moyens que nous prescrirons parce que nous en avons prouvé l'efficacité.

L'Elégance naturelle de la Femme

« La grâce est une beauté qui n'est pas donnée par la nature, mais est produite par le sujet même. »

L'élégance est, de tous les attributs, celui que la femme recherche et convoite le plus.

Dire à une femme qu'elle est élégante, c'est lui faire le compliment le plus flatteur.

Elle sait, par sa seule intuition souvent, que cette qualité est au-dessus de toutes les autres, et qu'elle exerce le plus grand pouvoir sur les sens et sur l'esprit, et que le vrai charme féminin dérive de cette unique source.

Son instinct, d'ailleurs, ne la trompe pas. Elle a mille fois raison.

Aussi que ne fait-elle, que

Le sport de la danse donne de l'élégance

La danse est un sport gracieux

n'endure-t-elle pas, pour être ou pour rester élégante ?

Ce n'est pas exagérer que de dire pour certaines femmes, auxquelles les circonstances de la vie donnent le loisir et les moyens, qu'elles emploient le meilleur de leur temps, de leur intelligence et de leur pensée, aux soucis de leur toilette.

Entre les mains de leur corsetière et de leur couturier, elles font preuve, pendant des heures, d'un pouvoir d'endurance et presque d'héroïsme tel que, tout en le déplorant, on ne peut que l'admirer

Le but à atteindre, la beauté par l'élégance, vaut, certes, tous les sacrifices nécessaires.

Nous disons *nécessaires*, parce qu'à notre avis un grand nombre de procédés pénibles sont superflus, et mieux, ils sont impuissants à réaliser autre chose que l'apparence.

— Pourquoi ? — C'est simple. La femme veut à tout prix paraître élégante. Qu'elle le soit ou ne le soit pas, elle paie son couturier pour qu'il lui confère cette suprême qualité.

(Photo Waléry)

La danse donne de la ligne

Photo Vérascope Richard)
M Loeli D ..
La beauté plastique impeccable

Et les artistes ou artisans de la mode doivent tendre tous leurs efforts, tout leur talent et leur goût, pour faire d'une femme, qui souvent est dépourvue de tous les éléments nécessaires, une forme belle et élégante.

Et ils opèrent des merveilles, à condition qu'on se laisse faire. Et alors, au moyen de la cuirasse moderne, on serre, on pince ici, on coussine là, on bouffe en haut, on entrave en bas, et voilà un chef-d'œuvre, d'élégance peut-être, mais sûrement d'héroïsme.

Eh bien, si les femmes voulaient seulement consacrer à la santé la moitié, le quart du temps qu'elles gaspillent à la poursuite de la beauté, elles s'en trouveraient à la fois et plus fortes et plus belles.

La méthode que vous employez, mesdames, ne peut pas répondre à vos désirs, parce qu'elle a ce grand défaut de commencer par la fin.

Et puis, il faut avant tout que vous reteniez ceci : Pour *paraître* belle et élégante il faut commencer par *l'être*.

L'être, voilà le but à viser. Etre belle, souple, élégante, hors de votre robe, hors de votre corset, en un mot à l'état nature, voilà le droit et le devoir de toute femme.

Est-il possible à toute femme d'être belle ? Nous disons catégoriquement : oui.

(Photo Waléry)

L'élégante SAHARY DJELI

Est-ce que les très grosses et les maigres, qui ne sont plus jeunes, peuvent être corrigées ? Nous répétons : oui. Et cela, par la méthode de la nature même, par la culture physique, par des exercices appropriés aux besoins de chacune, par une hygiène spéciale et des soins à donner à chaque partie du corps.

Si la vérité ne vous paraît pas évidente il suffira, pour vous la démontrer et vous convaincre, d'analyser cette qualité si précieuse pour vous : l'élégance.

Qu'est-ce que l'élégance? C'est l'harmonie des lignes et des proportions du corps,

(Photo Waléry)

L'élégante PAULE DELYS

(Cliché Waléry)
L'élégante TORTOJADA

allié à la grâce du mouvement et des attitudes.

Donc, beauté de forme et grâce, voilà les deux points essentiels à atteindre et qui sont tous deux à la portée de toutes les femmes.

Nous laissons de côté la beauté du visage, à dessein, parce que celle-ci n'a rien à faire avec le sujet de ces lignes. Heureuse la **favorisée** qui possède cet attribut, joint à la distinction de la grâce.

Elle est une source universelle de joie pour tous ceux qui la voient, et l'émotion qu'elle cause est bien supérieure à celle provoquée par une statue parfaite, parce qu'elle est un poème vivant.

Mais que les femmes qui en sont dépourvues, et elles sont la grande majorité, se rendent compte, de ce fait, que l'élégance, la grâce de l'ensemble, produit un attrait bien plus puissant que le visage le plus joli qui domine un corps mal formé ou dont les mouvements sont raides et anguleux.

Et ce charme a encore cet avantage qu'il ne se fane pas, qu'il ne passe pas avec le printemps de la vie, mais

(Photo) Waléry
L'élégante MARVILLE

qu'il peut se développer et accompagner la femme jusqu'à, et y inclus, l'âge des cheveux blancs.

Il vaut donc la peine de le cultiver. Et voyons comment. Par ce seul et unique moyen : aider ou corriger la nature. Nous aidons la nature, d'abord en ne l'entravant pas, en lui laissant la liberté d'achever son travail ou de le perfectionner.

Or, qu'est-ce que notre corps ? Simplement une machine articulée qui doit se mouvoir librement pour que tous les organes remplissent leurs fonctions propres, et dont les proportions et le mécanisme sont calculés en vue

(*Photo Waléry*)

RITA PORCHER

du plus parfait fonctionnement.

Et c'est cette perfection de rapport des moyens au but et de la symétrie des formes, qui constitue la beauté physique idéale.

Il faut donc, en premier lieu, chercher la beauté de structure, des membres bien proportionnés, des contours arrondis, une taille dégagée, une grande souplesse dans toutes les articulations, une large respiration, autant d'éléments que la nature met à notre disposition, et lesquels amènent d'autres avantages ou attraits, tels que :

(*Photo Waléry*)

BRÉVILLE

DORLY

(Photo Waléry)

DORLY

un joli teint, la délicatesse de la peau, un son de voix harmonieux, etc.

La nature, en conférant ces dons, n'a cependant pas créé l'élégance de la femme, elle l'a seulement rendue accessible.

La vraie élégance n'existe pas sans la grâce, et la grâce n'est pas donnée par la nature, mais est produite par la personne même.

On dit d'une robe ou d'une forme qu'elle a des lignes, des proportions élégantes, mais quand on dit cela, on se représente les effets gracieux de cette forme ou de cette robe, lorsqu'elle est en mouvement.

L'idée est exacte, mais non pas l'expression. Nous en avons tous les jours des preuves sous les yeux.

Combien de fois, dans un salon, dans la rue, ne vous dites-vous pas, à part, avec un peu de regret : « Quelle gracieuse toilette si elle était bien portée ! »

Oui, tout le secret est là, dans le mouvement, dans la personne même.

Et la robe n'est pas élégante, malgré la coupe sa-

(Photo Waléry)

MARGARITA

vante et le goût de l'artiste, parce que le corps qu'elle enveloppe ne connaît pas le grand art de la grâce.

C'est un art que la grâce, c'est un art très difficile même : « l'élégance naturelle de la femme », n'est vraie que par l'art.

La femme, pour être élégante, doit avoir de la grâce dans tous ses mouvements, dans son attitude, dans sa démarche, dans tous les gestes des bras et des mains.

Or, pour qu'ils soient gracieux, tous les mouvements

(Photo Waléry)

ELIE MARTINECK

(Photo Waléry)

EVE DE MILO

doivent avant tout être naturels. Mais le naturel le plus parfait ne peut être obtenu qu'à force d'art, c'est-à-dire d'étude et de volonté.

C'est une fausse conception de beauté et d'élégance qui guide la plupart des femmes coquettes de ce jour.

Si vous voulez être belles, gracieuses, captivantes, irrésistibles, cultivez le seul moyen qui peut produire la beauté, la souplesse, l'élégance du corps. Séparez dans votre esprit l'enveloppe de la forme humaine. La robe dissimule les défauts, s'il y en a, mais ne les corrige pas.

Jeanne SCHNEIDER

Étudiez-vous à nu et perfectionnez-vous par les exercices physiques que nous prescrivons ailleurs.

Avec la beauté et la souplesse vous aurez la suprême élégance et vous obtiendrez en même temps la seule chose qui nous permette de jouir pleinement de la vie, la parfaite santé.

La beauté de la forme, amoureusement entretenue, conserve tout son charme secret; et si la grâce, devenue naturelle par la pratique, lui prête son attrait, elle reste toujours irrésistible.

Et quelle est la femme qui n'ambitionne cet attribut divin, la toute-puissance ?

Mais prenez garde. Cet attribut n'acquiert son plus haut degré d'influence qu'autant qu'il est naturel, discret et inconscient de soi, qu'il fasse, en un mot, partie intégrante de votre nature.

On a dit d'une dame que nous connaissons et qui possède ce charme discret de la grâce :

« C'est extraordinaire : au premier coup d'œil on ne la remarque pas, et puis, au

Musz

bout d'un instant, on est tout étonné de ne l'avoir pas remarquée, tant elle a de charme.

« Quand elle fait son entrée dans un salon, malgré la grande simplicité qu'elle affecte dans sa toilette, elle apparaît dans sa démarche de reine comme auréolée d'une parure invisible, et l'on sent réellement planer quelque chose dans l'atmosphère qui n'y était pas avant sa venue. »

Est-ce que ce jugement ne dépasse pas tous les compliments ?

Le grand rôle de la Beauté au foyer

La femme est trop vêtue, elle se cache trop. Notre climat et nos mœurs exigent trop de couvertures, trop de chiffons compliqués.

La femme, en général, ne se rend pas compte, par la raison d'être toujours cachée, de l'importance de conserver la belle forme de son corps.

On peut même dire, pour la plupart, qu'elles ne se regardent jamais d'un œil critique et ne se demandent donc pas quel est leur degré de perfection de forme. D'ailleurs, si elles le faisaient, un grand nombre ne seraient pas capables de se juger.

D'abord parce qu'elles ne connaissent pas le critérium de la forme féminine, l'idéal moderne auquel se comparer.

Cette ignorance est le résultat de ce que nous venons de dire, que la femme est trop vêtue et n'a donc pas l'occasion de s'éduquer par la vue, comme faisait autrefois la femme grecque.

Cet état amène la négligence par indifférence et ensuite la déformation.

De là elle atteint la race par la dégénérescence.

Mais, en envisageant la question rien qu'au point de vue de son intérêt personnel, on peut dire que la femme chez nous est, à son insu, et souvent, l'auteur de son propre malheur et de ses déceptions conjugales.

Elle ignore, ou elle oublie, que l'homme est plus documenté qu'elle, que pendant des années il a fait son éducation pratique sur la femme, qu'il connaît, lui, des modèles de beauté et qu'il est bien plus sensible à tous les détails et nuances de ligne et de forme du corps féminin.

L'homme, quand il se marie, a généralement le goût formé, son sens esthétique est pleinement développé et son éducation amoureuse est faite.

La femme, au contraire, grâce à l'ignorance dans laquelle on l'a tenue, grâce à l'éducation erronée, grâce aux fausses conceptions de pudeur qu'on s'est appliqué à lui mettre dans la tête, est à son entrée dans la vie conjugale ignorante de tout.

Elle ignore ce qu'elle est et ce qu'elle devrait être dans son nouveau rôle d'épouse, de mère, de maîtresse de maison.

Mais ici seule la femme épouse nous intéresse, puisque nous étudions la femme belle dans son influence sur l'amour marital.

Donc, riche d'ignorance et de chimères, elle ouvre les ailes de son imagination vers ce qui est son rêve de la vie à deux, avec le cœur et les mains pleins des plus grisantes illusions et de chatoyantes espérances.

Mais la réalité, hélas! se montre bientôt autrement décevante et cruelle, une fois les yeux dessillés par l'expérience, et la jeune femme reste désemparée devant le désarroi de sa nouvelle existence, parce qu'elle n'en connait pas la cause et ne sait, par conséquent, quel remède elle peut y apporter.

La cause de sa déception est en elle-même, inconsciente sans doute, mais réelle.

Elle ne se doute pas que son mari, lorsqu'elle le croit tout absorbé à la regarder, tout ému d'admiration et d'amour, est quelquefois en train de faire des comparaisons, des rapprochements qui ne sont guère à son avantage.

Elle se croit très bien, elle est satisfaite d'elle-même puisque son mari l'aime, mais il n'en est pas de même de son côté. Il est forcé, et souvent avec un sincère regret, de s'avouer que son épouse est bien inférieure en beauté à bon nombre de femmes, et cette constatation est suivie fatalement par un léger refroidissement, lequel, si elle n'y met ordre, finira par créer l'indifférence complète entre eux, si ce n'est de l'antagonisme ou de la haine.

D'où vient, se demande-t-on, que tant de ménages sont malheureux, même de ceux qui se sont sincèrement aimés ?

Pourquoi le mariage à notre époque est-il si fréquemment une désillusion ?

Chacun émet une opinion différente. Eh bien, nous disons que quatre-vingt-dix fois sur cent c'est sur la femme qu'il faut faire tomber la responsabilité de cette faillite déplorable.

Entendez-vous jusqu'au bout, avant de vous récrier. Raisonnons froidement, c'est dans votre intérêt.

(Photo Waléry.)

VÉRA

Que veut la femme dans la vie, dans le mariage ?... Le bonheur.

En quoi consiste son bonheur ? En deux mots, deux choses indispensables : l'amour et le bien-être.

La cause de sa déception et de celle de son époux est en elle-même, ou plutôt c'est elle-même et ses illusions.

Est-elle belle ? Est-elle ce que son époux l'avait crue avant le mariage ? Ignorante de beaux modèles, elle se juge favorablement, même dans le cas où elle n'a aucune raison de s'attribuer une belle forme. Illusion n° 1.

Ce point, d'ailleurs, ne la tourmente pas, elle n'en connaît pas l'importance.

Elle se dit que son mari la trouve très bien puisqu'il l'aime ainsi (illusion n° 2) et qu'il l'a épousée (n° 3), et cela lui suffit pour son bonheur et elle croit qu'il durera toujours (illusion !).

Cette quiétude fera son malheur. Quelques mois, quelques semaines et parfois quelques jours suffisent pour désenchanter l'amoureux et attiédir sa plus belle ardeur, mais par égard pour sa compagne il joue au grand amour, seulement son cœur n'y est plus.

Un beau jour la supercherie éclate aux yeux et peut-être aux oreilles de l'innocente :

Comment, son mari qui l'aimait tant ne l'aime plus! mais pourquoi ? qu'a-t-elle fait ?

La pauvre, elle n'a rien fait, rien que l'aimer, le gâter, le soigner et rien que songer à lui ; elle a tout fait et elle n'a rien fait puisqu'elle n'a pas su le retenir.

Le fait est que la femme pense trop à lui et s'oublie complètement, oublie son premier et principal devoir, celui de devenir et de rester belle, celui de charmer, d'attirer, d'aimanter et de river à elle, par tous les moyens à sa disposition, l'homme dont elle veut être aimée.

Comment peut-elle les acquérir ? — Par la beauté, c'est le plus sûr moyen.

Et si elle n'est pas belle, que doit faire la femme ? Le devenir. C'est là le meilleur garant de l'amour. Un beau corps, une belle santé, une belle humeur, une belle âme, voilà ce qui constitue la femme belle, la femme que l'homme aime, la femme qui fait la belle et saine race.

Mais acquérir son bonheur n'est pas suffisant, le point capital est de le conserver, et voilà où pèche la femme et par où elle souffre.

Et cependant si elle voulait mettre en œuvre, pour garder son amour, tous les procédés, toutes les ruses, toutes les audaces, toutes les grâces, toutes les coquetteries, toute la pensée vigilante et patiente enfin, qu'elle a employés pour le captiver et le capturer, elle aurait toujours celui qu'elle aime à ses pieds.

En somme, pour qu'il soit un amoureux l'homme doit être conquis tous les jours.

Il doit être traité comme s'il n'était pas moralement ni légalement lié, il doit être charmé par la beauté de ses adjuvants, la grâce, la coquetterie, la douceur.

Il faut provoquer, stimuler ses épanchements de tendresse et ne jamais les réclamer comme des droits.

L'amour ne connaît pas de droits ni de lois, il ne se soumet qu'à la séduction de la beauté.

Que celles qui se contentent d'un simulacre de passion, de gestes sans élan dont le cœur et la pensée sont absents, que celles-là traitent si elles veulent l'homme comme un pays conquis, comme une chose leur appartenant.

Elles ne connaîtront jamais que cette chose insignifiante et terne, cette tranquillité quasi animale qu'elles appellent, faute de mieux, la vie, et qui n'est en réalité qu'une suite monotone, ininterrompue, d'heures et de jours sans émois, sans passion, sans vibrations du cœur, où la pensée n'existe pas, où l'âme, faute de stimulants, sommeille et se meurt lentement.

Mais la majorité des femmes aspirent à vivre, à aimer et surtout à être aimées.

Or, si elles veulent garder leur amour, il leur faut ne jamais être satisfaites d'elles-mêmes, mais s'efforcer par tous les moyens à charmer par la beauté, par la grâce dans les mouvements, dans les paroles, dans leurs sentiments.

La vie sentimentale est un combat perpétuel et l'amour est comme un visiteur très exigeant qui prendra congé dès que vous cesserez de vous occuper de lui, de l'entretenir gracieusement.

Ce n'est pas une sinécure que l'art de plaire, c'est un art qui a besoin de toutes les facultés de l'esprit, car pour entretenir le charme constant qu'exige l'amour, il faut du fond aussi bien que de la forme ; et il faut s'étudier sans cesse à mettre en évidence tous les éléments séducteurs. Ce n'est donc pas rapetisser la femme, comme ont l'air de le croire certains esprits trop prompts à s'offenser, que d'affirmer que sa mission naturelle, son rôle est de plaire à l'homme.

Bien au contraire, car ce rôle assigné par la nature est très grand, très haut et peut, avec certaines natures très douées, atteindre au sublime.

Pour celle qui veut remplir sa noble destinée le premier point dont elle doit se préoccuper c'est de connaître les moyens qu'elle possède et ensuite ceux qu'elle peut acquérir pour augmenter ses forces et ses ressources.

Qu'elle étudie les modèles de beauté que nous présentons dans ces pages et qu'elle cherche à les égaler.

(Photo Waléry)

Rita PORCHER

Si elle est belle, qu'elle en fasse usage chaque jour dans son intérieur et s'habille coquettement pour son mari en laissant voir ou deviner ses perfections physiques dans son salon, dans la chambre, dans l'alcôve.

Mettre le moins de chiffons possible, ne pas s'emmitoufler, ne pas se négliger en rien, sous prétexte qu'on est seuls. Il est naturel que l'on cherche l'admiration des amis, de tout son entourage, mais cela ne fait qu'ajouter à son bonheur s'il existe et ne le crée pas lorsque celui-ci dépend pour la femme de l'amour de celui à qui elle est liée ou attachée. Rien n'est **trop bon** ni **trop beau** pour l'être que l'on aime, et rien ne peut paraître fastidieux ou pénible à la femme qui sait où est le vrai bonheur.

Or, le secret du bonheur dans le ménage c'est l'influence discrète et subtile de la beauté.

Une femme qui est désirée de ceux qui la voient est toujours plus aimée par celui qui en est l'époux.

VIEILLIR SANS FLÉTRIR

La Culture physique
conserve la Jeunesse

Mlle Gabrielle Renz

« Je dis toujours que, si je pouvais vivre seulement deux cents ans, je devien-
drais la plus admirable personne du
monde.

« Mme DE SÉVIGNÉ. »

Avez-vous remarqué que certaines
femmes, notamment les actrices et artistes, gardent très longtemps leur
beauté, leur jeunesse, leur souplesse
et pendant vingt ans, vingt-cinq,
trente ans elles restent toujours la
belle X ou la belle Y ?

Et en effet elles ne vieillissent pas,
elles sont toujours jeunes, elles restent indéfiniment jeu-
nes, elles ont toujours
vingt ans.

Vous ne vous êtes
pas demandé pourquoi
et par quel moyen ces
artistes conservent le
charme de leur jeunes-
se et les formes impec-
cables de leur corps ?

Mlle FERRANDO

Nous allons vous dévoiler leur secret :

Elles font tout simplement de l'exercice et elles prodiguent des soins hygiéniques à leur belle personne.

Celles qui ont intercalé dans leurs rôles des exercices de danse sont obligées de s'entraîner chaque jour pour conserver leur souplesse et leur force.

Et toutes ont le souci de conserver la jeunesse, elles ont la préoccupation constante de leur beauté qui les incite à s'occuper de leur corps.

(Photo Waléry)

GEEZY

Leur charme fait leur succès et leur richesse, c'est un devoir impératif pour elles que de le conserver. Elles savent que rien ne remplace, comme moyen, l'exercice et l'activité, et elles laissent aux femmes crédules et naïves le soin de recouvrer la jeunesse disparue par l'emploi des fards qui ruinent le visage et des médicaments qui minent la santé.

Aussi il y a, journellement, après la répétition du matin, le bain ou la douche, la friction au gant de crin. Le soir il y a le travail obligatoire devant le public, puis, de nouveau, les soins hygiéniques après la transpiration, tub et friction.

La souplesse des articulations est entretenue par les flexions et élévations des jambes, les grands écarts, les rotations et torsions du buste, le renversement du corps dans toutes les attitudes possibles pour simuler tous les sentiments, la douleur, la joie, l'amour ou la haine, le plaisir ou l'effroi.

Mais, nous direz-vous, nous ne sommes pas des artistes et nous n'avons pas besoin de consacrer plusieurs heures par jour à cultiver notre corps par des exercices de danse ou autres.

Nous vous répondrons qu'il n'est pas dans notre pensée de vous demander un pareil sacrifice.

Nos conseils sont destinés à toutes les femmes et nous savons que la plupart n'ont pas les loisirs de s'absorber dans ces préoccupations personnelles pendant plus de quelques instants, chaque jour.

Mais nous savons aussi que toutes les femmes désirent, avec raison, être belles et rester jeunes.

Ne pas vieillir, voilà le désir secret de toute femme. Retarder la vieillesse le plus longtemps possible c'est le but désiré.

Le mot femme semble jurer quand on l'associe au terme de vieillesse. Il semble que la femme, synonyme de fleur, devrait, comme son symbole, ne pas continuer à vivre lorsque s'éteignent ses charmes et lorsque pâlit l'éclat de sa jeunesse et que son parfum s'évapore pour toujours.

C'est pourquoi nous voulons vous dire le secret de vieillir sans flétrir, sans passer par une longue période de décrépitude pendant laquelle la vie vous enlève vos charmes un à un, comme un vent d'automne qui éparpille les derniers pétales des fleurs.

Si nous vous citons comme exemples les artistes en premier lieu, c'est parce qu'elles sont les plus frappantes de jeunesse et de séduction, comme de nos jours la belle Otero, qui paraît avoir vingt ans alors qu'elle est en plein épanouissement depuis vingt ans et qui est toujours l'idole du public.

(Photo Reutlinger)

SARAH BERNHARDT

Et notre grande Sarah, toujours jeune, vive, souple, malgré son titre de grand'mère; et Mme Patti, et Melba, et l'autre Sarah latine, Mme Duse, et encore l'Anglo-Saxonne nationale, la pétillante comédienne Ellen Terry, est-ce que ces femmes que nous connaissons et qui, même après quarante ou cinquante ans d'une belle carrière, restent toujours séduisantes, est-ce qu'elles ne sont pas des arguments vivants, des preuves de ce que la femme de nos jours peut être ?

Celui qui a dit le premier que la femme n'a que l'âge qu'elle porte était un fin observateur et un psychologue profond.

L'on doit ajouter à cet axiome que, seule, la femme qui sait rester jeune goûte la vie dans toute sa richesse et toute sa variété.

Considérez un peu la vie des femmes qui ont laissé un nom pour avoir exercé une influence prépondérante, ou qui ont joué quelque grand rôle historique.

Vous constaterez qu'elles n'étaient pas très jeunes, que même certaines avaient passé l'âge de la pleine maturité.

Mme de Maintenon avait bien quarante-cinq ans lorsqu'elle

LES FRANÇOIS

charma Louis XIV, et quarante-neuf lorsque le grand monarque l'épousa. Or, l'on sait l'influence qu'elle conserva jusqu'à la fin sur l'esprit et le cœur du roi, et par lui sur les affaires du pays.

Mme de Maintenon ne vieillit jamais grâce à son activité physique et cérébrale.

Un autre exemple remarquable de cette même époque c'est Mme de Lambert, cette femme de grand esprit qui fut une reine imposante, aussi recherchée qu'elle était exclusive pour son salon.

Eh bien, c'est à soixante ans qu'elle inaugura sa célébrité, en réunissant dans sa maison une élite de savants et de lettrés.

Gymnastes danoises

base de sa grande beauté et le secret de son charme et de son incomparable puissance.

Plus tard, sous le Directoire, nous trouvons également des femmes célèbres par leur beauté, leur esprit, leur grande séduction, l'exquise Mme Récamier, l'éblouissante Mme Tallien et la belle Joséphine de Beauharnais, devenue Mme Bonaparte.

Et aussi transcendante que celles-là, dites « les trois Grâces », qui ont affolé Paris, Mme de Staël, par sa beauté rayonnante, tout intellectuelle, et sa grande personnalité, a été une des forces dirigeantes de son temps.

Or, toutes ces femmes étaient de celles qui n'ont jamais vieilli et dont l'influence a été d'autant plus

Son fameux salon ne la connut que sexagénaire. Cependant son renom et son prestige ne firent que s'accroître dès ce moment jusqu'à sa mort, c'est-à-dire pendant vingt-six ans, car elle vécut quatre-vingt-six ans.

Après elle, la belle Mme Roland touchait à ses quarante ans, dans la plénitude de sa force et de sa beauté, lorsqu'elle joua son rôle sublime dans la Révolution, en devenant l'âme éloquente et agissante de son parti.

Elle avait, physiquement, une vigueur d'athlète, une nature très active, une superbe santé, qui faisaient la

Une gymnaste danoise

sentie que celles qui l'exer-
çaient ajoutaient à leur prestige personnel l'expérience
de l'âge mûr.

Donc, ce que certaines
femmes ont accompli il est
possible à toutes de le faire :
il faut rester jeunes à tout
prix et par tous les moyens.

Il le faut pour son bon-
heur à soi, il le faut pour
s'adapter aux conditions ac-
tuelles de la société.

La femme, avons-nous
démontré, n'est en pleine
possession de tous ses charmes, de toutes ses facultés
féminines, de tous ses
moyens d'action que lors-
qu'elle a passé par l'école de
la vie et de l'expérience personnelle au contact des
hommes.

Gymnastes allemandes

Gymnastes anglaises

Elle est avertie, il est
vrai, par son instinct et sa
sensibilité, mais, même dans
le cas où ses idées seraient
justes, elle manque d'assu-
rance pour agir, et elle ne
connaît sa puissance qu'à
mesure qu'elle en peut juger
les effets dans le commerce
de l'existence quotidienne.

C'est pourquoi l'on com-
met tant d'erreurs à vingt
ans, et l'on se crée tant de
soucis qu'on eût pu éviter à
trente ou quarante ans.

Il est facile de voir pourquoi la femme a plus d'armes
pour charmer, ou pour con-

(Photo Waléry)
Louise ATHLÉTA

est trop jeune, pas assez forte pour la tâche du mariage. Mais peut-être la principale raison de ce changement se trouve-t-il dans l'accroissement de l'éducation des jeunes filles. La jeune fille a tant de choses à apprendre à cette époque que, forcément, il lui faut plus d'années d'études.

De là le mariage est reculé et la jeunesse de la femme est raccourcie d'autant d'années pour sa vie

(Photo Waléry)
Brada ATHLÉTA

server les affections qu'elle possède, lorsqu'elle atteint sa maturité.

D'autre part, il faut reconnaître ce fait indéniable que l'âge du mariage moderne est plus retardé qu'il y a seulement cinquante ans.

C'est très ordinaire d'entendre dire que les aïeules d'aujourd'hui s'étaient mariées à quinze ans.

On a compris qu'à cet âge, en France, la jeune fille

propre. Il faut donc les lui rendre en prolongeant le plus possible la plus belle phase de l'existence, la période où la femme peut jouir de la vie par ses charmes, son intelligence cultivée et par la jeunesse de son cœur.

Nous croyons en avoir assez dit pour vous convaincre, et maintenant nous vous disons que, pour atteindre à ce but tant désiré de ne pas vieillir, de conserver la grâce, la souplesse et l'élégance de vos vingt ans, il vous faut simplement y consacrer dix minutes par jour. Dix minutes, ce n'est rien et c'est tout.

Cela suffit pour avoir une bonne santé et pour que vous ayez toujours le sourire aux lèvres.

POUR ÊTRE MÈRE

Être mère pour être belle
Être mère et rester belle

La maternité n'enlève rien à la beauté de celles qui ont une solide paroi abdominale obtenue par la culture physique.

Comme nous l'avons déjà dit, la nature a donné à la femme la mission éternelle de plaire à l'homme.

Or, dans tous les desseins de son vaste système, la nature voit toujours plus loin. Elle ne crée rien pour rien. Tout est subsidiaire et relatif, et tout est fait pour contribuer à un but ultérieur et final.

Dans quel but cette haute mission a-t-elle donc été confiée à la femme ? — Pour assurer son bonheur, direz-vous, en se faisant aimer. — Cela est vrai, et nous l'avons nous-même démontré. — Pour donner du bonheur à l'homme par l'amour, et adoucir pour lui les rigueurs et les aspérités de l'existence, ajouterez-vous.

Cela est encore indéniable. Mais ces deux raisons ne constituent qu'une partie de la vérité, c'est-à-dire qu'il y a un but final au delà du bonheur de l'homme et de la femme, et tout ce que nous avons dit sur la beauté, sur la santé de la femme, tous nos arguments, dans l'esprit de la nature, et même en dépit de nous-mêmes, sont autant de plaidoyers pour la cause primordiale et ultime qu'elle défend jalousement : la conservation et l'amélioration de la race.

Oui, la femme, et la femme belle, est créée pour être mère. C'est son grand rôle, son plus noble destin. C'est sa seule et véritable raison d'être.

A elle la mission sacrée de conserver l'espèce, à elle est confiée la tâche de transmettre, avec la vie et la santé la forme parfaite, la plus idéale beauté de structure et de ligne que le type humain peut réaliser, dans son évolution vers l'être rêvé.

La femme doit être mère pour être belle, et pour être bien portante.

Ceci semble, au premier abord, un paradoxe, placé en face de cette autre partie du titre : Être mère et rester belle.

Il n'en est rien, cependant. La nature est émaillée d'antithèses, qui s'harmonisent parfaitement.

De même que nous disons que la femme est faite pour l'amour, et qu'elle expose sa santé en enfreignant cette loi universelle, de même, et comme corollaire, nous affirmons qu'elle est constituée en vue de la maternité, et que c'est seulement en remplissant cette fonction qu'elle atteint son parfait épanouissement physique et moral.

Autrement dit, la femme n'est complète que dans la maternité.

Le titre saint de mère confère à la femme une auréole de beauté lumineuse, il l'investit d'une réelle royauté.

La maternité est une carrière, la plus noble que la femme puisse

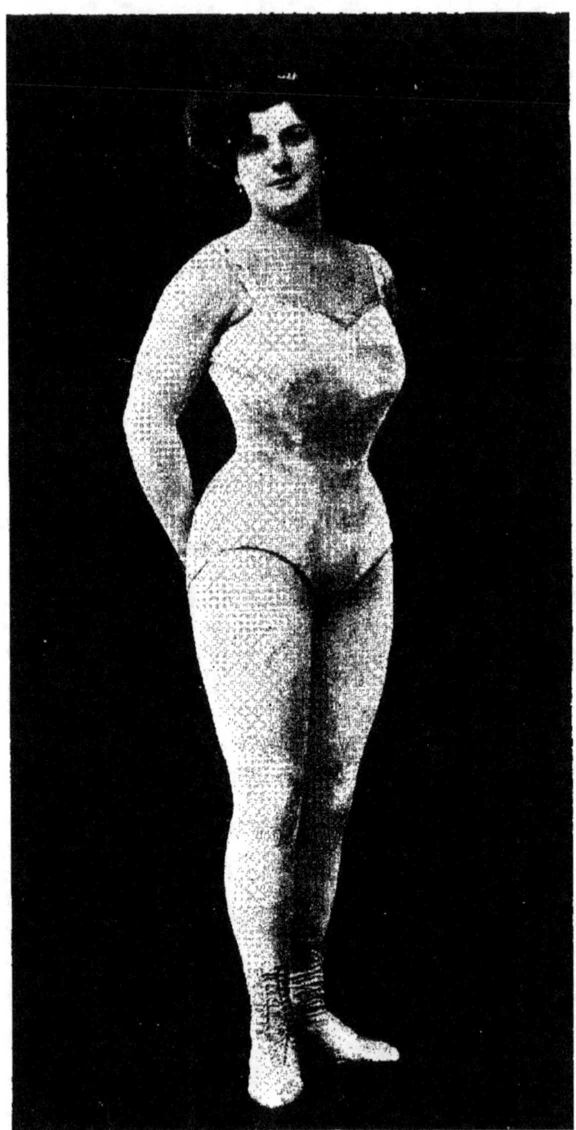

SANDWINA est mère de plusieurs enfants

accomplir. Ce n'est pas seulement une fonction comme beaucoup le considèrent : c'est un sacerdoce.

Le sens des mots mère et épouse s'est considérablement élargi à notre époque, depuis que l'on reconnaît à la femme une personnalité propre en dehors de son mari, et que l'on a reconnu, après

ATHLÉTA, mère de 3 enfants, fut toujours la " Belle Athléta ".

quatre mille ans d'opinions contraires, le grand rôle que joue la femme dans la formation de l'être humain.

Depuis que la voix du grand physiologiste, disciple de Geoffroy Saint-Hilaire, a détrôné l'absurde idée que la mère ne faisait que porter l'enfant, et qu'il a prouvé la grande influence qu'elle exerce sur la race, le titre de mère est synonyme de créatrice, et synonyme de perfectionnement.

Il est donc nécessaire que la femme envisage sérieusement cette question de la maternité, à deux points de vue : au point de vue de sa santé personnelle, et au point de vue des hautes responsabilités qui lui incombent.

Et d'abord, considérons le côté personnel, l'intérêt de la femme, en tant que femme.

Il faut être mère pour être belle, affirmons-nous. C'est un fait démontré par l'illustre savant précité, un fait confirmé par les médecins qui s'occupent de la question, que la femme qui n'a pas porté un être humain dans ses flancs, demeure un être incomplet, frappé souvent de langueur maladive, et victime de nombreux désordres organiques.

Il ne suffit pas que la femme soit amante, épouse, il faut qu'elle soit mère. Son corps n'atteint toute sa puissance de développement que dans les fatigues de la gestation. La poitrine s'élargit, les épaules s'ouvrent, la tête se redresse sur le cou, plus souple et plus fort.

L'allaitement, que beaucoup redoutent, renouvelle les organes qu'il semble épuiser.

Avez-vous remarqué le teint frais et blanc de la mère ? et cette émanation rayonnante de santé qui se dégage de sa personne ?

Avez-vous constaté les changements dans ses mouvements, dans sa voix, dans son regard ? Avez-vous aperçu cette étincelle inconnue dans ses yeux, ce quelque chose de divin au fond de ses orbites qui est comme le reflet de son âme épanouie ? Elle a atteint la vraie beauté, dans son plein épanouissement du corps et de l'âme.

Cette beauté resplendissante ne peut s'obtenir que par la maternité.

Or, nous l'avons dit, la beauté est reflet de la santé, et la santé, du parfait fonctionnement des organes. Tout s'enchaîne dans notre organisme comme dans l'univers. Nous concluons donc que pour être absolument belle et bien portante, la femme doit être mère.

Mais cela n'est pas toute la question. Dans tout ce qui précède, nous supposons que toutes les femmes sont dans un état de santé et de vigueur normale, et d'une conformation physique parfaitement adaptée au rôle de la maternité.

S'il en était ainsi, nous n'aurions plus rien à dire. Malheureusement, la réalité est tout autre, et c'est à une grande majorité que nous adressons notre second conseil :

Comment être mère et rester belle.

La maternité est une fonction naturelle, et les femmes naturelles en supportent les fatigues sans y perdre ni leur santé, ni leur beauté.

Voyez la femme de la campagne, la femme des champs qui mène une vie saine et régulière, la femme dont le corps n'a jamais été déformé, ni comprimé dans le corset ou des vêtements serrés, la femme dont tous les organes fonctionnent parfaitement, et dont les muscles se sont développés par le travail quotidien.

Cette femme met au monde une nombreuse famille, et ses couches sont très faciles et rapides ; elle allaite ses enfants tout en

continuant sa tâche ordinaire et souvent très dure. Eh bien! loin
d'être épuisée, elle se porte admirablement, et vit jusqu'à une
vieillesse très avancée.

Les femmes des tirailleurs indigènes d'Afrique font encore
mieux. Elles s'arrêtent en route juste l'instant pour accoucher, et
elles reprennent leur chemin en portant elles-mêmes leur nouveau-
né. Cette force extraordinaire leur vient de ce qu'elles font les plus
durs travaux, car les hommes se posent en seigneurs et ils se servent
de leurs femmes comme de bêtes de somme.

Ceci est exceptionnel, et nous n'en demandons pas tant à nos
gentilles lectrices françaises. Nous sommes plus galants dans notre
pays.

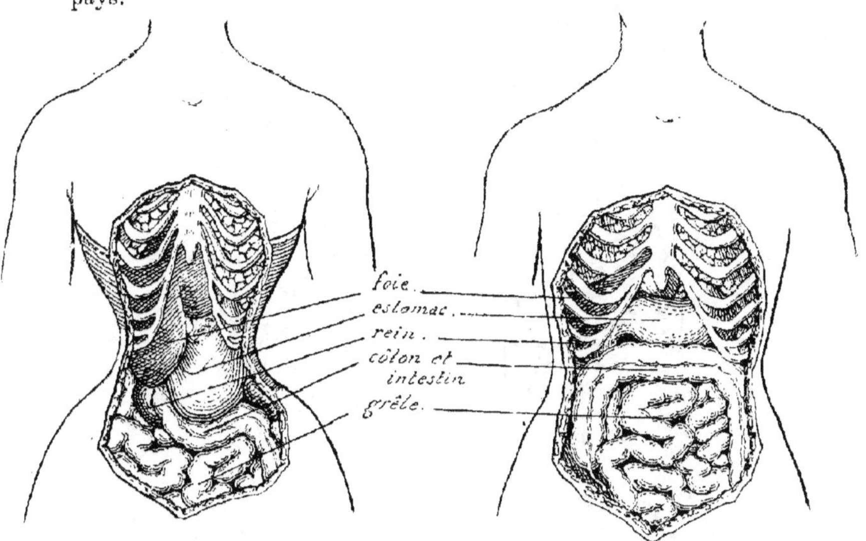

Le déplacement des organes, le resserre-
ment des côtes par le port du corset.

Le corps de la femme normale qui
ne porte pas de corset.

Mais nous sommes forcés de déplorer l'état général de la femme
moderne. Très fréquemment elle est stérile, ou bien on lui défend
la maternité à cause de son manque de santé. Ceci dans les villes
où la femme mène une vie factice et débilitante.

A part les vraies malades, il y en a beaucoup qui ruinent leur
santé en devenant mères.

Ceci est regrettable pour elles d'abord, et ensuite pour leur
progéniture qui ne peut être que maladive et exposée à mille dan-
gers. C'est ainsi que dégénère notre race.

Ces femmes délicates sont sujettes à avoir des accidents lors de
leur accouchement ou comme suite, et restent souvent estropiées
pour le reste de leurs jours.

Double malheur pour elle et pour la famille. Ces malades chro-
niques font le désespoir de leur mari, dont l'existence est désormais entravée.

Et les pauvres petits êtres chétifs qui naissent dans ces conditions, sont les premiers à pâtir, s'ils ne meurent pas dans leur ber-
ceau.

Il est évident que ces pauvres créatures victimes de la maternité ou plutôt de leur santé, même si elles étaient belles auparavant, perdent irrémédiablement leur charme particulier.

Comment donc être mère et rester belle ? C'est simple. Il faut que la femme se prépare au grand rôle qui l'attend.

Nous avons assez dit l'importance de cette mission, de ce sacerdoce, pour que toute femme soit fière d'être élue.

Un premier point dont il faut tenir compte, c'est l'âge. La femme ne doit pas être mère guère avant au moins vingt ans. Elle

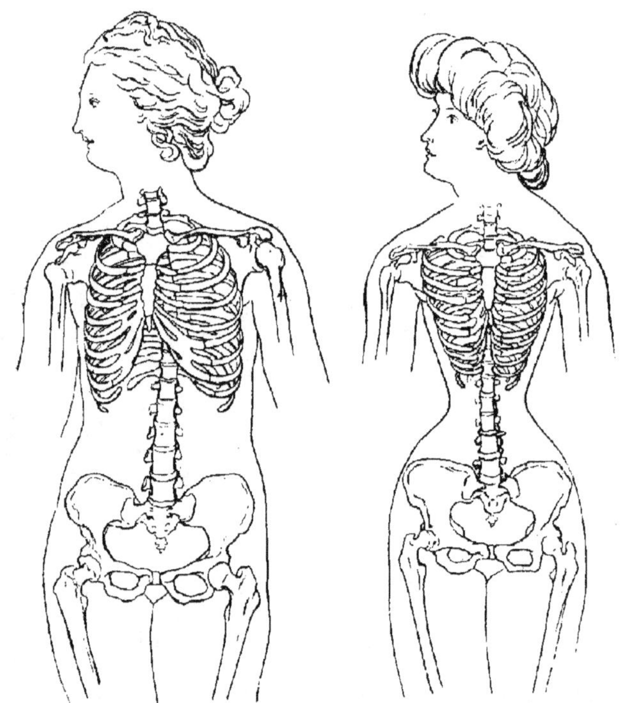

<table>
<tr><td>La femme sans corset.</td><td>Les déformations osseuses du corps dues au port du corset.</td></tr>
</table>

n'est pas assez forte, assez développée avant cet âge pour supporter les fatigues qu'entraîne la maternité.

C'est compromettre sa santé et son avenir que de la lui imposer.

Pour être mère et rester belle, il faut être forte, et ce n'est pas trop dire que la jeune fille a à peine assez de toute sa jeunesse pour s'y préparer au physique et au moral.

Comment s'y préparer? — Si nous considérons quelles sont les parties du corps les plus éprouvées par la gestation et la parturition, il nous suffit de dire qu'il faut spécialement développer les muscles de ces parties, qui sont l'abdomen et les reins.

Il faut donc que les muscles abdominaux et lombaires soient fortifiés pour supporter sans douleur le poids de l'enfant et pour

La danse donne de la grâce

concourir à l'effort de l'accouchement.

Ces muscles, à moins que le travail ne les développe, ce qui est plutôt rare en ville, doivent être tonifiés par des exercices spéciaux.

La maternité ne peut faire tort qu'à la femme dont la musculature abdominale a disparu par le défaut d'exercice d'une part et par le port du corset d'autre part.

La nature qui pourvoit à tout a donné à la femme une paroi abdominale très solide et très élastique et elle ne perd cette vigueur et cette élasticité que par le manque de culture physique et le port du corset qui atrophie les muscles de la taille en les empêchant de fonctionner. Le tissu musculaire est élastique, mais lorsque la paroi abdominale n'est plus constituée que par des feuillets de graisse, de peau et de fibres, l'élasticité disparaît et lorsqu'il y a eu distension comme dans l'accouchement, la paroi reste distendue, ne peut plus revenir sur elle-même, à moins que par des exercices de culture physique, elle ne reprenne de la vigueur grâce à la création de nouveaux tissus musculaires.

Une bonne paroi abdominale est le meilleur cadeau que les parents puissent faire à une jeune

Les FRANÇOIS.

fille, et cette paroi ne s'obtient que par les exercices spéciaux de culture physique.

(Photo Waléry)

La superbe plastique de Mlle Yetta BIANZA

Ces exercices, nous vous les donnons à la fin de cet ouvrage avec l'explication des mouvements, et nous vous conseillons de les exécuter chaque jour.

Nous n'avons pas besoin de vous faire remarquer qu'il convient surtout de ne pas neutraliser leur effet en portant un corset serré. Laissez libre jeu à tous les muscles, c'est le moyen de devenir robuste.

En outre, ce qui est indispensable au même degré, c'est une large et libre respiration. Les grands mouvements respiratoires élargissent la cage thoracique, donnent l'espace nécessaire à tous les organes, poumons, cœur, foie, et renforcent ce muscle qui joue un si grand rôle dans le mécanisme du corps. et qui s'appelle le diaphragme.

Dans ce but, nous vous recommandons des exercices respiratoires à faire journellement.

Si vous avez développé ces remparts qui sont autant d'armes défensives, vous n'avez pas à craindre la maternité, elle ne vous enlèvera pas la beauté de la forme, mais au contraire, et dans tous les sens, elle ne pourra que vous embellir.

Les femmes qui évitent d'être mères ne savent pas de quelles joies elles se privent, ni quelle transformation elles ignorent.

La maternité c'est l'éclosion complète de la femme, et de même que la fleur, elle ne rend tout son parfum que dans son parfait épanouissement.

Et cette transformation physique s'accompagne nécessairement du même phénomène moral.

D'un instant à l'autre, tout son être est changé : ses sentiments, ses idées, ses ambitions.

Ses facultés sont élargies, son cerveau est plus actif, plus puissant, son cœur est plus grand, plus apte et plus avide d'affection.

Tout son organisme est renouvelé, rajeuni, son caractère est plus sérieux et plus gai, et toute sa personne exhale le bien-être, la santé, le bonheur.

On peut dire que la femme qui n'a pas été mère ignore ce que la vie a de plus beau et de plus grand.

Mère ! il n'est pas de cœur humain que ce doux mot n'attendrisse.

La mère est la divinité de ce monde.

LA FORCE DU SEXE FAIBLE

OU LA FIN D'UNE ERREUR

※ ※ ※

La constitution de la Femme
comparée à celle de l'Homme

Si l'homme devait passer une épreuve aussi dure que celle de la maternité, il apprécierait mieux la grande force du sexe faible.

D'où vient l'appellation de « sexe faible » appliquée à la femme ?

Est-ce que vraiment la femme est, de par son sexe, moins forte que l'homme ?

La faiblesse du sexe féminin est une erreur
ATHLÉTA porte 5 hommes sur le dos, peu d'athlètes hommes pourraient en porter plus

Et cette opinion générale est-elle basée sur des faits accidentels ou sur des preuves de sa nature originelle ?

Voilà des questions intéressantes et surtout importantes que nous allons examiner avec vous, pour les trancher une fois pour toutes.

Les 3 sœurs Athlétas enlèvent 150 livres avec une facilité dérisoire, ce que peu d'hommes non entraînés aux exercices de force, pourraient faire

Il en est des idées comme des coutumes qui, une fois passées à l'état de traditions, sont bien difficiles à modifier et très dures à déraciner.

On est tellement habitué à accoler l'épithète de faible au beau sexe que, inconsciemment, on en est venu à croire que la femme est et ne peut être que délicate.

Or, c'est là une erreur qu'il importe de faire disparaître

au plus vite pour le bonheur de la femme et pour l'avenir de la
race.

Rien n'est plus fatal que cette opinion accréditée. Elle est cause

VULCANA, dévisse 60 kilos d'une main

de tant de souffrances physiques et morales chez la femme, de tant
de déboires et de dégoût de la vie.

Dès les premiers malaises de croissance qu'éprouve la jeune fille,
dès les premiers symptômes précurseurs de la prochaine nouvelle
femme, elle s'entend dire et répéter que ces troubles sont inhérents

à son sexe, que la vie de la femme est une suite de petites misères,
de contraintes et de douleurs cachées.

Et l'enfant, jusque-là exubérante et heureuse comme un gar-

Les Sœurs Kloss (Gymnastes)

çon, et qui jouait avec ses petits camarades sans avoir conscience
de son sexe, voit soudain son ciel s'enténébrer à la perspective de
l'existence qu'on lui fait entrevoir. Elle comprend aussitôt à la

gêne qu'elle éprouve d'être femme et aux restrictions de liberté qui lui sont désormais imposées, elle comprend le grand avantage qu'il y a à être né homme.

Et sa jeune âme de femme se révolte et tout son petit être se cabre devant cet avenir immérité qu'on lui promet.

Et combien de sensitives, affolées par le vague inconnu, désespèrent dans leur petit cœur et souhaitent la mort!

Le mal est fait par les paroles qui prêchent la nécessité de souffrir, qui conseillent la résignation à un état qu'on ne peut changer.

Le caractère se rembru-

Miss SANDWINA
enlève en 3 temps au-dessus de sa tête 105 kil.

Miss BARCARONOW
amène 57 kilogs au dynamomètre

nit, la jeune fille devient morose, capricieuse. Elle a la pudeur de son sexe, elle souffre en silence, mais elle est absolument dégoûtée de la vie.

Cependant l'habitude lui apporte une espèce de résignation fataliste, elle vit avec les notions erronées de ses aïeules et, convaincue de sa faiblesse, elle ne tente rien pour dominer les désagréments et les côtés faibles de sa constitution.

En étudiant la femme naturelle, la femme primitive et rustique, nous voyons que tout prouve l'inanité de cette croyance, et tout nous démontre, au contraire, que la femme est douée d'une robustesse à toute épreuve.

Il n'y a aucune cause physiologique naturelle à la faiblesse qu'on lui attribue.

Lorsqu'elle vient au monde avec tous les éléments de santé, la femme doit grandir et se développer aussi forte que l'homme et aussi bien portante que lui. Elle est formée pour être belle et vigou-reuse, non seulement dans son enfance mais à travers toutes les étapes de sa vie féminine.

Sandwina enlève son mari et le développe doucement au-dessus de sa tête

D'ailleurs, toutes les mères savent, beaucoup pour leur malheur, que pendant les premiers mois de bébé les garçons sont bien plus difficiles à élever que les filles, et les statistiques nous montrent que la mortalité infantile sévit particulièrement sur le sexe masculin.

Une petite fille résistera et sortira indemne des diverses maladies qui sont fatales si fréquemment pour le bébé garçon.

Au fait, dès le début, la femme a une résistance nerveuse bien supérieure à l'autre sexe, et elle remplace, en bien des cas, la force musculaire dont l'homme est, à juste titre, si fier.

La femme, élevée dans les mêmes conditions que l'homme, est aussi forte que lui.

Miss VULCANA est assez forte pour enlever un homme à bout de bras

Voyez, d'ailleurs, par les exemples donnés dans ces pages, si les Athléta, les Sandwina ne sont pas égales à beaucoup d'hommes.

Et combien rares sont-ils, ceux qui, comme Athléta, peuvent porter facilement cinq hommes!

C'est un tour de force exceptionnel pour les deux sexes, et nous ne le citons qu'à titre de comparaison.

Mais en prenant les femmes dans la vie ordinaire, dans la vie naturelle, les faits contredisent formellement l'aphorisme erroné que le beau sexe est le sexe faible.

Voyez les femmes dans les travaux de la campagne : elles sont côte à côte avec leurs mari, frères, ouvriers, et elles supportent la fatigue et la chaleur avec sérénité, elles sont capables d'efforts inouïs pour charger de lourds fardeaux, des gerbes, des fruits, des sacs de blé ou pour manier les lourds instruments aratoires.

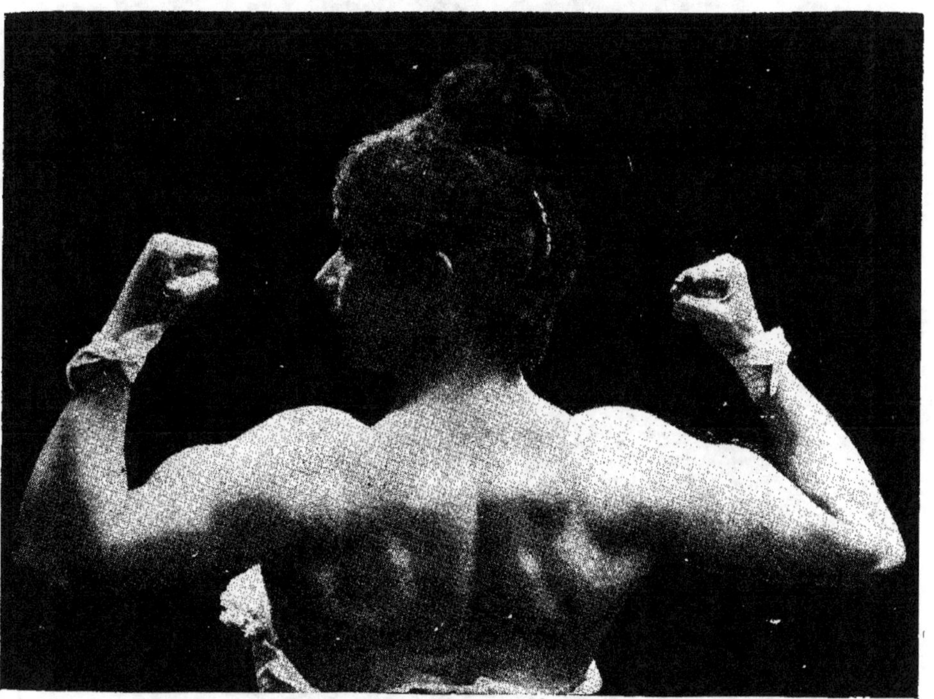

Miss Robinson porte 300 kilos sur les épaules

Dans le midi de la France les femmes ont l'habitude de porter les grosses charges sur leur tête. Elles vont chercher l'eau à quelque source située quelquefois à longue distance, dans leurs terres ou sur le bord d'un ruisseau, et c'est plaisir de les voir avec une énorme cruche rouge sur leur tête et marcher souples et légères, comme ne sentant pas le poids.

Elles font des six, dix kilomètres avec une corbeille sur la tête, lourde de fruits, d'œufs ou de volaille vivante, qu'elles vont vendre au marché de la ville. Et tout cela naturellement, sans effort.

Dans les tribus primitives l'homme se porte tranquillement sur sa monture, comme un seigneur, et les femmes marchent à côté, chargées comme des bêtes de somme, et elles ne s'en portent pas plus mal.

Annette Secchi, écuyère

De même, les femmes des tirailleurs nègres de notre armée d'Afrique suivent leur mari partout, en portant les enfants et les ustensiles de ménage, même pendant la grossesse et aussitôt après l'accouchement.

Nous voyons donc que la femme est constituée pour être forte et bien portante et exempte, en tant que femme, des inconvé-

Miss DARNET est également capable d'enlever un homme à bout de bras

Miss LEISTER

enlève un homme à bout de bras

nients et des faiblesses de son sexe, aussi bien que l'homme.

Pourquoi donc voit-on tant de femmes maladives, des femmes neurasthéniques, anémiques, enfin faibles et inaptes à la vie, la proie de toutes les faiblesses de leur sexe ?

Pourquoi tant de femmes justifient-elles l'appellation qu'on leur a donnée ?

C'est parce qu'elles ne vivent pas la vie pour laquelle leur constitution était adaptée.

Parce que les conditions de

la vie dans notre civilisation ne permettent pas de mener l'existence libre et saine qu'il leur faudrait.

D'ailleurs, il faut le dire, la vie comprimée et factice est devenue si naturelle qu'on ne désire pas revenir aux champs et au grand air, excepté comme spectatrices de la belle saison.

Il s'agit donc de chercher à s'adapter au milieu et aux circonstances ; et pour que la femme puisse recouvrer la vi-

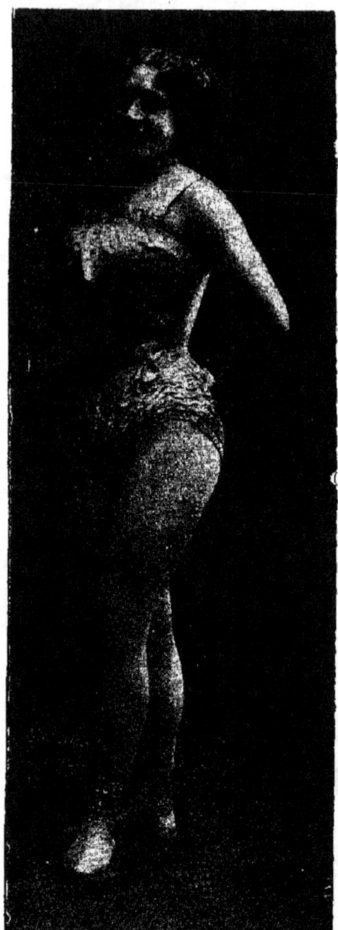

Anna ATHLÉTA tient 2 hommes au bout d'un bras

gueur naturelle dont elle doit jouir pour avoir une santé parfaite, il faut simplement qu'elle remplace l'activité qui lui manque par la culture physique et par tous les exercices qui sont à sa portée.

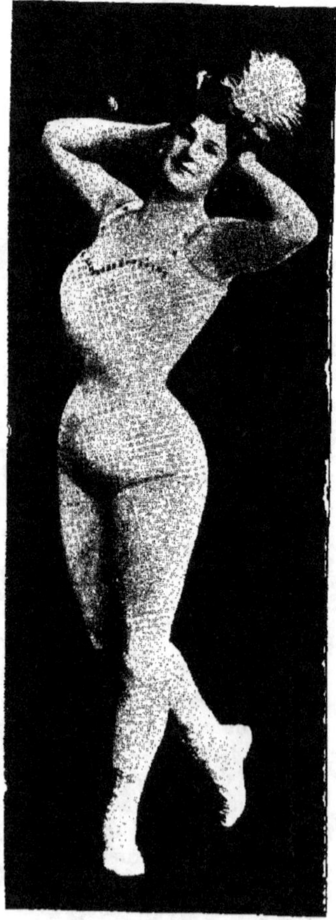

Miss SANDWINA jongle avec son mari qui pèse 65 kilog.

Qu'est-ce que la Culture
Physique de la Femme ?

Celle qui n'a pas le temps de faire de la culture physique, prendra un jour le temps d'être malade.

Qu'est exactement et que vise la culture physique pour la femme ?

Ces deux mots « Culture physique » qui sont en usage dans tous les pays du Nord, et que nous employons en France depuis un quart de siècle, c'est-à-dire depuis que nous avons fondé nos écoles, ces

Jeunes filles développées par la méthode Desbonnet

deux mots, disons-nous, semblent n'être pas compris par nombre de personnes, ou plutôt se prêtent à diverses interprétations erronées.

La raison de ce malentendu est que ces mots, ayant été reconnus une de ces expressions heureuses destinées à faire fortune, on s'en est servi après nous pour désigner des procédés plus ou moins sportifs et plus ou moins baroques même, et qui n'ont aucun rapport avec notre méthode de culture physique, que nous avons créée en France en 1886.

Nous fûmes obligé de bien spécifier dans nos livres et circulaires que notre méthode n'employait pas les vieux procédés athlétiques connus de tous, et pour nous dégager complètement de toutes ces fausses imitations de culture physique, nous dûmes accoler à la méthode le nom de son créateur qui, seul, avait le droit de l'appliquer, puisque seul il la connaissait parfaitement.

Voilà pourquoi nous sommes obligé, et bien à regret, de parler de notre méthode pour qu'elle ne soit pas confondue avec les imitations.

Miss BARCARONOW

La force physique n'enlève rien à la ligne
de la femme

Certes, nous sommes très
fier de constater le succès
de nos idées, car l'imitation
est la forme la plus sincère
de la flatterie.

Mais nous ambitionnons
davantage : nous voudrions,
non pas être plus ou moins
imité, mais fidèlement copié
et suivi par des adeptes en-
thousiates, afin que la re-
naissance physique que nous
poursuivons sans relâche depuis un quart de siècle, ga-

gne d'emblée toute la France
par l'élan que nous aurons
donné.

Qu'est-ce que la Méthode Desbonnet ?

La méthode Desbonnet
est l'art de développer le
corps humain en travaillant
pour perfectionner le sujet
lui-même et non pour qu'il
soit comparé à d'autres,
comme cela se produit lorsqu'on fait exécuter au sujet
des exercices en vue de re-
chercher l'admiration de la
galerie.

Miss AMOROS

La force ne nuit pas aux formes
féminines

La méthode Desbonnet n'a qu'un but : la culture du corps, pour arriver au développement complet de la créature humaine et la mettre en possession de toute la beauté et de toute la force que la nature a déposées en elle.

La vigueur physique n'enlève rien à la grâce de la femme
Voici VULCANA (près de son frère ATLAS) qui a gardé une ligne impeccable

Chaque sport donne au corps une forme particulière, mais aucun ne le développe d'une façon complète et irréprochable, parce que, dans la pratique exclusive d'un sport, on voit surtout la virtuosité. La préoccupation qui domine, ce n'est pas l'amélioration de la race par l'amélioration de l'individu, mais bien l'exagération des fonctions d'un groupe de muscles.

La méthode Desbonnet rejette non seulement les exercices acrobatiques, mais encore tous ceux qui n'ont pas pour but immédiat l'amélioration de la santé et de la beauté corporelle.

Avant d'aborder les sciences, l'enfant apprend son a b c.

La méthode Desbonnet est l'a b c de tous les sports.

Avant de pratiquer un sport quelconque, il faut donc tout d'abord se faire de bons organes et des muscles et acquérir une santé à toute épreuve.

Nous rencontrons, presque chaque fois qu'il est question de culture physique pour la femme, une objection que nous croyons nécessaire de réfuter avant d'entrer plus avant dans le sujet :

« Mais si vous développez la femme, vous allez la masculiniser, car une femme ne peut pas avoir de gros muscles saillants et rester belle. »

Tranquillisez-vous, gracieuses lectrices, nous ne cachons pas ce criminel dessein de vous enlever quoi que ce soit de votre féminité, pas la plus petite parcelle du moindre de vos charmes.

Soyez sans crainte pour vos muscles qui n'ont garde de trop se développer. Vous ne courez pas le risque d'acquérir une surabondance de force musculaire, et il nous paraît un peu prématuré de craindre l'excès, avant même d'avoir acquis l'indispensable au parfait équilibre féminin.

La femme n'a pas une constitution qui lui permet d'atteindre un système musculaire aussi développé que celui de l'homme.

Pour vous convaincre et rassurer totalement vos appréhensions, nous vous présentons les femmes les plus fortes du monde, dont la profession est d'enlever des poids à bout de bras, des fardeaux sur les épaules, et qui, malgré la pratique de ces exercices athlétiques, n'ont pas réussi à se faire des muscles saillants ; elles ont acquis de la force musculaire, mais qui se traduit différemment chez la femme ; elles ont acquis de l'énergie et de la souplesse, mais non de la pesanteur.

Nous ne conseillons pas aux dames de faire de l'acrobatie, mais bien le contraire.

Ce serait, en effet, travailler pour les autres, et elles n'arriveraient pas, par ce moyen, au développement harmonieux que nous recherchons pour elles.

Nous voulons simplement leur prouver que l'abus même des exercices athlétiques ne fait pas grossir, qu'il arrive seulement à trop développer une certaine partie du corps au détriment d'une autre, mais que cet inconvénient est supprimé par l'emploi d'une méthode scientifique d'exercices rationnels appelée « la Culture physique ».

Ceci nous montrera que le but de ce travail est la recherche de la beauté harmonieuse des formes.

Si quelques-unes des personnes que nous présentons ici offrent quelques imperfections corporelles, c'est parce qu'elles ont travaillé pour la galerie et parce que, professionnelles, il leur fallait un numéro sensationnel qui frappe l'imagination de la foule et leur attire avec les applaudissements des engagements rémunérateurs.

Malgré qu'elles aient travaillé pour le public et pas assez pour elles-mêmes, beaucoup offrent un développement corporel sinon parfait, du moins assez harmonieux.

Après vous avoir rassurées sur les risques d'avoir de trop gros

Miss Vulcana a gardé la ligne féminine

muscles, il est un second point sur lequel il faut que nous insistions catégoriquement :

C'est que la santé parfaite sans exercice physique est aussi impossible que de vivre sans manger.

Donc, la beauté ne peut exister ou durer sans exercices réguliers.

Mais avant tout il faut s'entendre sur les mots *exercices physiques*.

Les femmes confondent presque toujours les exercices et les sports athlétiques avec la culture physique, comme elles confondent toujours force et grosseur.

On entend couramment une femme qui engraisse dire, en constatant que son tour de hanches augmente dans des proportions inquiétantes : « Je deviens trop forte », oubliant que grossir c'est s'affaiblir et

Les Sœurs SALONNE

sont des gymnastes de force et elles ne sont pas difformes

vieillir, et que faiblesse et vieillesse ne peuvent être synonymes de force et de jeunesse.

Alors, dès qu'on parle à la femme de la développer, elle s'imagine une grosse dame avec des masses de chair retenues dans un corset, et embarrassée de son poids et de sa personne.

Si on lui conseille de faire des exercices physiques, elle s'écrie : « Oh! non, je ne veux pas de muscles, c'est affreux! » confondant encore muscles avec graisse.

Or, ces deux mots signifient deux choses absolument différentes et opposées, comme nous vous l'avons montré.

La force, c'est la santé.

La santé parfaite est le résultat des bonnes fonctions des organes.

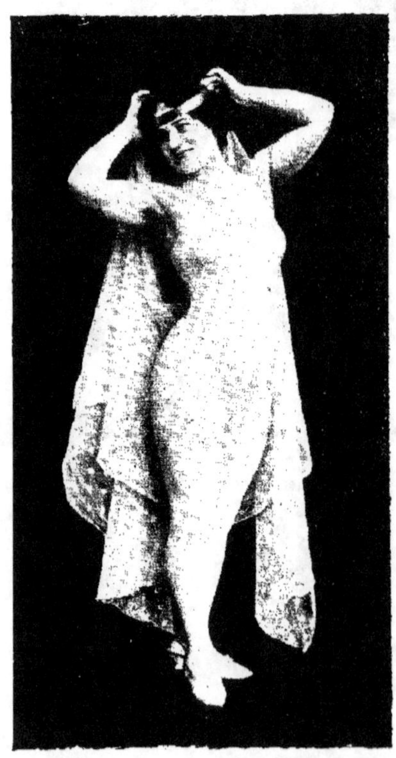

MYRTHO, danseuse, exhibe une belle ligne

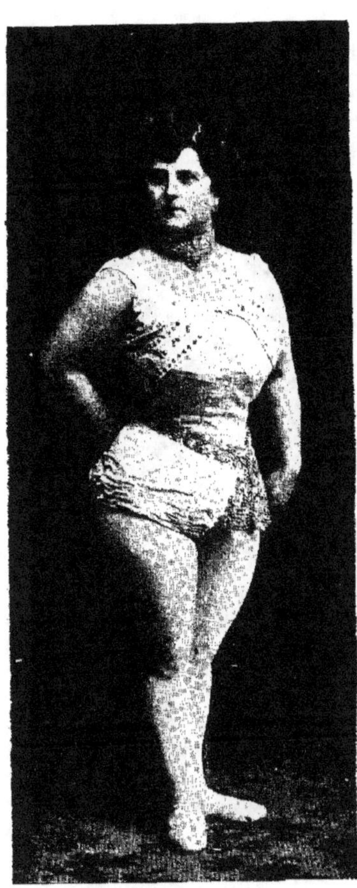

Une grosse femme
Ne pas confondre grosseur et force

La graisse signifie fai-
blesse et mauvais fonctionnement.

Or, le mauvais fonction-
nement des organes entraîne
fatalement une foule de troubles et d'inconvénients, dont
par exemple :

La mauvaise circulation
du sang, qui occasionne le
froid des pieds, la sueur des
mains, les varices, l'haleine
mauvaise, un mauvais teint,
une peau rugueuse et rougit
le nez.

La mauvaise digestion
donne des maux d'estomac,
gastralgie, dyspepsie, etc.,
de la constipation, une mauvaise haleine, noircit et ca-
rie des dents, amène de l'ec-
zéma, des maladies nerveuses
(neurasthénie), des boutons
à la figure, etc.

La respiration insuffi-
sante ou défectueuse prédis-
pose aux maladies de poi-
trine, amaigrit le buste,
creuse des salières, etc.

Tous ces dérangements
plus ou moins accentués, en
altérant la santé et la forme
de la femme, affectent aussi
le caractère, l'humeur et surtout l'activité cérébrale et
physique, c'est-à-dire que la
femme qui souffre d'un mal
chronique est moins apte au

Une femme forte
Ne pas confondre force et grosseur

travail, à tout ce qui demande de la pensée, et incapable de jouir de la vie ou de donner du bonheur aux autres.

La grande erreur de la plupart de ces valétudinaires c'est d'avoir constamment recours aux avis des médecins et aux drogues des apothicaires. Elles constituent le meilleur de leur clientèle, et souvent elles deviennent si obsédées par leur désordre organique qu'elles n'éprouvent de soulagement qu'en présence de leur conseiller médical.

C'est un fait avéré que, chez la femme, la maladie ne cause que la minime partie des ravages et que c'est l'imagination, à la merci des nerfs détraqués, qui aggrave le

Miss GASSION, athlète et fille d'athlète, a gardé sa ligne élégante

Miss WILSON, gymnaste

mal existant et en amène d'autres à la suite.

Cela vient de leur sensibilité aiguë et du manque d'équilibre et de stabilité dans leur caractère.

Nous considérons donc que la femme a plus besoin de culture physique que l'homme, au seul point de vue de la santé, laquelle est menacée par tant de petites misères qui sont autant d'ennemis assez difficiles à déloger.

Mais comprenons-nous. La femme a besoin d'exercice

La pratique des sports ne nuit pas a la ligne

susceptibles d'être déformées, soit par les fonctions auxquelles elles collaborent, soit par le relâchement dû à la vieillesse.

Et nous sommes certain que toute femme trouvera plus intéressant de s'occuper pendant dix minutes ou un quart d'heure à embellir et tonifier son corps, avec comme résultat un afflux de vie qui la rendra heureuse, active et gaie, plutôt que d'être toujours en traitement, de suivre un régime qui la prive beaucoup et d'avoir constamment cette désagréable sensation de *n'être pas tout à fait bien.*

bien plus que l'homme, disons-nous ; seulement c'est un autre genre, c'est-à-dire des exercices en vue de son harmonie physique, de la maîtrise de ses nerfs, et surtout pour son adaptation aux fonctions de la femme qu'elle aura à remplir.

L'homme a besoin de muscles, la femme a plutôt besoin de souplesse que de force musculaire.

Aussi apportons-nous des soins particuliers aux articulations pour entretenir leur élasticité, et, en second lieu, nous cherchons à fortifier les parties du corps plus

Une femme qui doit aux sports l'élégance de ses formes

L'OBÉSITÉ

Grossir c'est Vieillir

*La femme obèse est vieille à 20 ans.
La femme saine et bien proportionnée
est jeune à 70 ans.*

Un des plus grands ennemis de la femme c'est l'obésité.

C'est même un double ennemi puisqu'il atteint à la fois sa beauté et compromet sérieusement sa santé.

Cet état est considéré le plus souvent simplement comme une gêne. Or, ce n'est ni plus ni moins qu'un état pathologique, une maladie.

C'est une maladie traîtresse qui s'implante petit à petit sans causer de douleurs, ni de troubles qui avertissent le malade d'un danger.

Cependant, on doit se méfier dès le début, car c'est un état qui s'aggrave.

Au point de vue de l'esthétique, rien n'est plus fatal à la beauté de la femme.

L'obésité enlaidit et vieillit.

Le développement excessif de l'embonpoint ne peut que détruire la ligne de la forme, la symétrie indispensable à la beauté.

La taille disparaît sous la graisse, le ventre et les hanches prennent des contours démesurés, les membres inférieurs, en s'épaississant, s'alourdissent ; fatalement, les mouvements deviennent lents et pénibles ; la marche un peu rapide essouffle et congestionne le visage ; bref, toutes les qualités qui constituent l'élégance et la beauté sont incompatibles avec l'obésité.

D'autre part, l'adage qui dit : Grossir c'est vieillir, est établi un fait avéré de chaque jour.

L'obésité vieillit de deux façons.

En premier lieu, elle enlève les caractéristiques de la jeunesse, qui sont : la légèreté, la vivacité dans le regard, les paroles, les gestes ; la souplesse, l'exubérance de vie, le besoin de remuer, de se fatiguer ; l'activité cérébrale très prononcée, etc.

Or, qu'est-ce que nous remarquons chez l'obèse ? Juste tout le contraire : le goût du repos et aversion très marquée pour le mouvement, les déplacements, les fatigues de toute sorte ; lassitude cérébrale au moindre effort prolongé.

Donc, l'obèse possède tous les signes de la vieillesse. D'un autre côté, sous ces couches adipeuses qui les entravent dans leur fonctionnement, tous les organes du corps se fatiguent pour vaincre cette résistance, et ils ne tardent pas à se ralentir, à se détraquer et causent des maladies de cœur, de foie et autres.

Ces désordres intérieurs se manifestent à la surface et mettent leur empreinte sur le visage ; celui-ci perd son teint éclatant et devient opaque et maladif.

Voilà donc une deuxième cause de vieillir et d'enlaidir.

Les femmes très grosses sont pénibles à voir. Qui veut rester belle et jeune et bien portante doit rester svelte.

L'obésité ne détruit pas que la beauté, elle mine et menace la vie même.

Chez les femmes, les obèses sont très souvent neurasthéniques, sous l'influence de la dépression nerveuse et débilitante de leur état.

Et, chose curieuse, on se refuse à croire une personne malade parce qu'elle a une apparence trompeuse de santé sous sa corpulence, et c'est justement cet embonpoint excessif qui est la cause de son désordre organique.

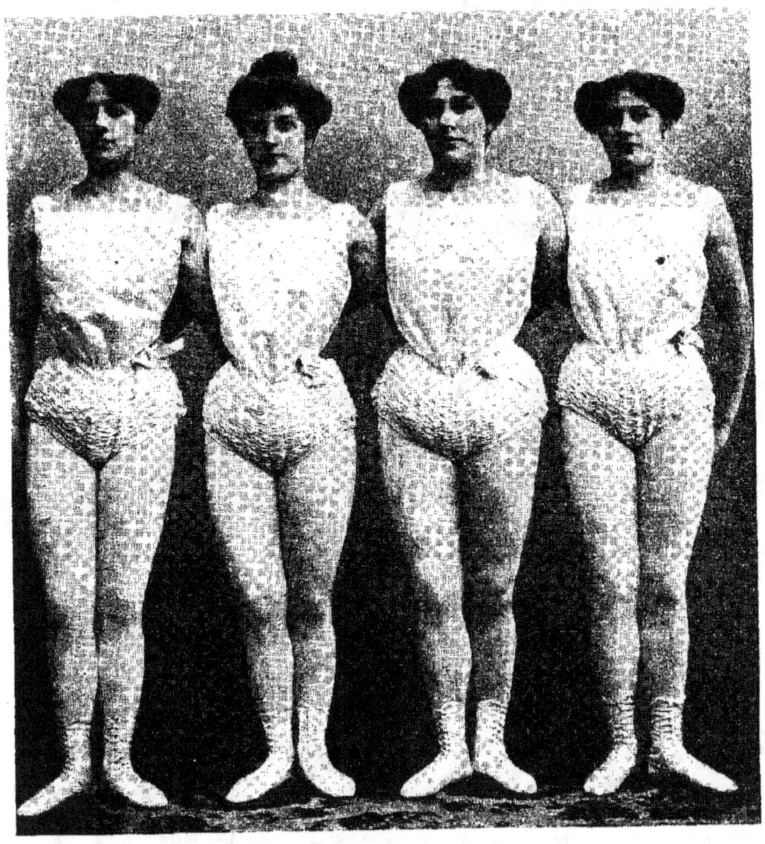

ATHLÉTA

Athléta a gardé sa jeunesse grâce aux exercices physiques. Elle paraît aussi jeune que ses trois filles

L'obésité affaiblit toujours le cœur. Il en résulte des palpitations, des vertiges, des bourdonnements d'oreilles, qui sont autant de symptômes de la gêne de cet organe.

Le premier signe de la maladie se manifeste par l'essoufflement. Il est difficile à un obèse d'accélérer la marche, de gravir des côtes, monter des escaliers. Le moindre effort musculaire détermine une crise de dyspnée.

C'est donc en même temps un état disgracieux, pénible et dange-

Une Ecuyère

ment à faire le moindre mouvement violent que tout naturellement il l'évite.

Les diverses méthodes communément employées pour faire maigrir sont le jeûne, le régime et des drogues, c'est-à-dire des acides alcalins et des savons spéciaux.

Ces méthodes ont cet inconvénient qu'en faisant disparaître un mal, elles en engendrent d'autres plus graves que le premier.

Elles causent, en effet, des désordres dans les voies digestives et urinaires, si dangereux qu'on ne saurait trop les condamner.

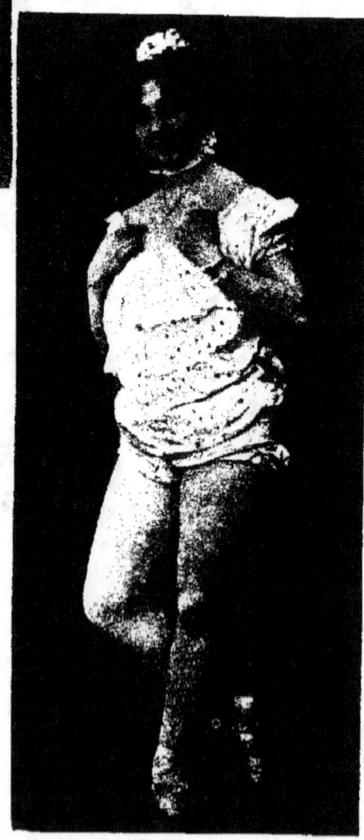

Une Gymnaste

reux. Il faut l'éviter, ou s'en débarrasser le plus tôt possible, si l'on en est atteint.

Juste le contraire de ce que font généralement les obèses.

L'obésité provient d'une accumulation de graisse ou combustible que la machine humaine doit et ne peut consumer totalement.

Il s'agit donc d'activer la combustion pour la faire disparaître.

Par quel moyen ? Par le mouvement. Le mouvement est, nous l'avons vu, la grande aversion de l'obèse. C'est compréhensible.

Il éprouve un tel malaise, un si grand essouffle-

La femme, en particulier, a horreur des exercices, et elle se
soumet plus volontiers à la diète et au régime.

Mais ce ne sont que des palliatifs.

Le seul moyen naturel qui ne présente aucun danger, c'est une

La Plastique des Pissiuti

série d'exercices spéciaux et gradués, destinés à augmenter la combustion des masses adipeuses superflues.

C'est la seule méthode scientifique et efficace. Il est facile de
s'en rendre compte.

Pour produire des mouvements, il faut de la chaleur, et la chaleur est produite par la combustion des matières graisseuses.

L'exercice physique conserve la sveltesse

et s'éliminaient par l'urine.

C'est donc la meilleure façon de dégraisser la machine humaine que nous vous conseillons.

Notre méthode possède cet autre avantage qu'en enlevant le tissu adipeux par les exercices seuls, sans jeûne, sans régime, sans drogues, elle ne fait pas que cela : elle raffermit les chairs en tonifiant les muscles, et empêche la peau de se rider. Nous garantissons de rendre la santé, la sveltesse, la souplesse, l'élégance et la jeunesse à toutes les dames qui se sont laissées envahir par les tissus graisseux.

Donc, plus il y a de mouvements, plus il y a de combustion, et, par conséquent, il y a diminution de graisse.

En outre de la chaleur utilisée pour faire les exercices, il y a encore d'autres agents éliminatoires.

Une partie de la chaleur produite se dégage du corps sous la forme de sueur par les pores et par la respiration activée.

Il a été constaté aussi que beaucoup de déchets passaient dans les reins sous l'action de l'exercice.

L'exercice physique conserve la sveltesse

Les Sports et Exercices de plein air pour la Femme

« Le temps et l'argent dépensés pour
entraîner et fortifier le corps constituent
un placement d'un rendement supérieur
à toutes autres entreprises.
« GLADSTONE. »

Ce qui fait le plus de tort à la femme chez nous, et en général
dans les nations latines, c'est l'idée fortement enracinée que la
jeune fille ne doit pas être élevée comme ses frères.

Pendant la plus jolie période de l'adolescence on traite l'enfant
ou la jeune fille à peu près comme si elle avait l'intention de prendre le voile et de passer toute sa vie entre quatre murs.

Sa jeune existence se résume à être inactive, enserrée par un
code de règles idiotes qui ne sont applicables qu'à des enfants sans
énergie.

Ce code est principalement fait de restrictions : une jeune fille
bien élevée ne doit pas faire ceci ou cela, ce n'est pas comme il
faut.

Ce « comme il faut », comme il faudrait qu'il disparût de la
langue et des mœurs !

Comme il serait nécessaire que disparussent ces écoles-couvents,
où l'on ne songe qu'à réprimer et comprimer les élans, les besoins
de mouvement et d'exubérance des jeunes êtres pleins de vie et
d'ardeur.

Avec la manie moderne de surcharger les jeunes cerveaux d'un
fatras de connaissances inutiles pour la femme, on astreint les enfants à des heures interminables d'étude qui exigent une force de
concentration au-dessus de leur force et de leur vouloir, et on néglige complètement l'essentiel à cet âge, c'est-à-dire le développement du corps.

Tous les efforts sont concentrés sur le cerveau, la culture physique n'existe pas même de nom dans le programme.

Au moment où elle en a le plus besoin, quel exercice a donc la
jeune fille ? Une promenade faite deux à deux, à petits pas, pas
trop vite, pour avoir l'air distingué. C'est surtout ça qui est important !

Et en dehors des études, quelle détente peut avoir ce jeune
corps ? Ah ça ! est-ce que l'on parle de détente parmi les gens bien
élevés ?

Et cependant, n'y a-t-il pas sur notre sol gaulois de la sève, de
l'énergie ? Est-ce que notre race latine est si épuisée que la jeunesse n'a pas besoin d'agir, de se mouvoir, de se détendre ?

Certes, il y a du sang et de l'énergie, il y a des impulsions et
des élans, il y a des cœurs chauds, des membres impatients de mouvement, des têtes dites fortes qui se révoltent, et toute cette richesse de jeunesse et de vie est immobilisée, rendue stérile.

Voilà comment on élève notre jeunesse ! voilà comment on élève
nos femmes, les mères de demain !

Et nous pouvons ajouter : Voilà comment on ruine la santé de

Un collège de jeunes filles à la campagne (En Angleterre)

La lecture dans les bois

La gymnastique en plein air

la femme et comment, par elle, dégénère notre belle race.

Voyez dans les pays voisins, voyez en Angleterre comment on produit des femmes fortes, avec moins d'éléments que nous n'en possédons.

On peut résumer par cette phrase leur méthode : Elever la jeune fille comme son frère, traitement égal pour les deux sexes. C'est tout le secret.

Ici nous tenons à spécifier, comme nous avons fait dans le chapitre précédent, que traitement égal ne signifie pas exactement exercices semblables. Il en est là comme ailleurs ; tous les sports violents, comme le football, la lutte et la boxe, sont réservés à l'homme seul.

La femme, même forte, n'a pas la résistance de la masse et du poids du corps qui permet au sportsman de se livrer sans danger aux jeux athlétiques.

La jeune Anglaise mène à l'école et en famille une existence d'activité et de liberté inconnue chez nous.

Pour les études les heures sont courtes : de 9 heures à 1 heure, avec un arrêt de vingt minutes au milieu de la matinée, voilà les heures pour les leçons ou cours proprement dits.

Après le déjeuner c'est la vie à l'air, les jeux de tennis, de crocket, golf, kockey, dont toutes les jeunes filles sont des adeptes.

Tout cela est organisé et dirigé par un professeur de sports, qui sert d'arbitre au besoin.

Ces jeunes filles sportives, dans leurs costumes de jeux, aux mouvement libres, sans corset, des chaussures en caoutchouc sans talons, jouissent pendant plusieurs heures du plein air et de leur liberté.

Elles rentrent, sentant une bienfaisante lassitude, les nerfs apaisés, le cerveau dégagé, avec un bon appétit qu'elles vont satisfaire à la table du thé en mangeant de grosses tartines de beurre et des gâteaux simples faits à la maison.

Il va sans dire que le programme comporte des séances d'exercices pour la culture physique qui est la préparation à tous les sports.

Partout où cela est possible, comme aux deux universités d'Oxford et de Cambridge, on se baigne, on nage, on fait du canotage, on rame dur sur la Tamise et le Cam.

Dans d'autres institutions importantes, telles que le collège anglo-français de Saint-Georges, à Ascot, le domaine possède une vaste pièce d'eau où les jeunes filles font de la natation chez elles.

En outre elles font régulièrement de longues courses à cheval, accompagnées par un maître d'équitation.

Saint-Georges, disons-le à l'honneur de la France, a été fondé et est dirigé par une Française.

En famille, l'Anglaise, jeune ou mûre, marche beaucoup. Une promenade hygiénique signifie faire huit ou dix kilomètres et plus.

On y fait beaucoup de bicyclette et l'été du tourisme à pied, c'est-à-dire de longues excursions d'après un itinéraire tracé pour visiter les régions pittoresques.

Voilà ce que nous recommandons à nos lectrices : des marches, de la bicyclette, du cheval à celles qui le peuvent.

Une fois entraînées par des exercices réguliers chez vous, vous pourrez entreprendre les exercices de plein air.

UNE ÉCOLE ANGLAISE
Les leçons ont lieu en plein air

Les jeux ont leur place dans l'emploi du temps

On consacre autant de temps à la gymnastique et aux sports qu'à la culture cérébrale

Il faut établir chez nous l'égalité pour les deux sexes, permettre à la femme de prendre part aux jeux de son mari, qu'elle l'accompagne, dans ses courses à bicyclette, avec le sac au dos, dans ses excursions en villégiature, qu'elle prenne part au repas frugal sur l'herbe après une bonne course.

Que la Parisienne ou la femme des villes, au lieu de se parer de sa plus belle toilette pour aller parader dans les allées ou pour faire mourir d'envie ses amies moins fortunées, en contraignant son pauvre époux à une corvée fatigante ou en le laissant partir seul, ce qui n'est pas toujours sage, elle revête un gentil costume très simple et très à l'aise, et qu'elle parte avec lui, à bicyclette, ou à pied, ou à cheval.

Elle aura plus de satisfaction et de joie au cœur à son retour, d'abord pour avoir fait plaisir à son compagnon et pour l'intimité douce qu'elle a goûtée avec lui au contact de la belle et saine nature.

Quand les enfants ont l'âge de se joindre activement à l'excursion, qu'on organise des parties de famille, d'amis et qu'on aille faire de longues courses à pied ou à bicyclette, les parents et les enfants. Rien n'est plus sain que la nature, rien

Une écolière anglaise en costume de gymnastique

n'élève plus les sentiments que les spectacles naturels, comme un beau paysage, un coucher de soleil, car là on s'oublie, on se confond avec la vue.

Et ce que nous conseillons par-dessus tout c'est d'aller passer ses vacances à la montagne, en famille.

La montagne! à la montagne, l'air y est pur et raréfié, calmant et tonifiant. Rien n'est si émouvant que les montagnes.

Vues d'en bas, ce sont des Titans, des colosses qui nous écrasent, qui nous montrent notre petitesse, qui nous donnent une idée des forces cosmiques qui les ont élevées. Cela nous donne un sentiment

La Beauté choisissant librement

de frayeur, d'impuissance et d'admiration qui est à la fois une prière et un hommage.

Montons. Notre curiosité est éveillée, notre faiblesse est mise au défi. Il faut monter, voir ce que nous cachent ces pics altiers, ces gorges grondantes, ces vallées profondes.

L'ascension est elle-même un plaisir, une suite de découvertes ; c'est la joie de l'effort, c'est la griserie de l'air, c'est la grandeur du silence et de la solitude.

A mesure qu'on monte, l'on cesse d'avoir des émotions personnelles, tant on semble faire partie de ces formidables émotions pétrifiées de la grande nature. On est transformé. On ne sait plus ce qu'on est ni d'où l'on vient. On est un simple atome pensant, sentant avec la montagne.

Quant à la femme, la toilette, les chiffons, la mode, ça n'existe plus pour elle ; les mesquineries, les petites jalousies, les mille préoccupations personnelles qu'elle se forge chez elle, tout cela s'est évanoui dès qu'elle a mis le pied sur le vieux flanc de la montagne.

En elle sourdent, des profondeurs insoupçonnées de son être, des émotions nouvelles, aspirations idéales, un sentiment de révérence religieuse qui l'émeut plus que toutes les cérémonies des cathédrales de la plaine.

Là, planant au sommet, elle se sent plus près du ciel, plus près du divin. Son âme semble s'épancher sur tout ce qui l'environne.

A ce moment, debout à côté de son mari, elle sent son cœur s'attendrir et se pencher vers lui. Son affection est purifiée sous l'azur bleu et sous l'œil rayonnant du soleil.

Côte à côte, muets, ils communieront par la pensée et par le cœur, devant ce spectacle grandiose.

Rentrés chez eux, l'influence de ces heures et le souvenir de leurs douces émotions poétiseront leur existence banale et petite. Une photographie prise ou une carte postale achetée rappelleront la bonne promenade et serviront de sujets de conversation pour les soirs d'hiver. La santé physique et morale y aura grandement gagné.

C'est ainsi, par les exercices de culture physique exécutés chaque jour selon nos indications et ensuite par les courses et exercices de plein air, que nous ferons de saines et robustes Françaises.

MARVILLE   *Cliché Waubry*

Un concours de beauté plastique en Amérique. — Les lauréates

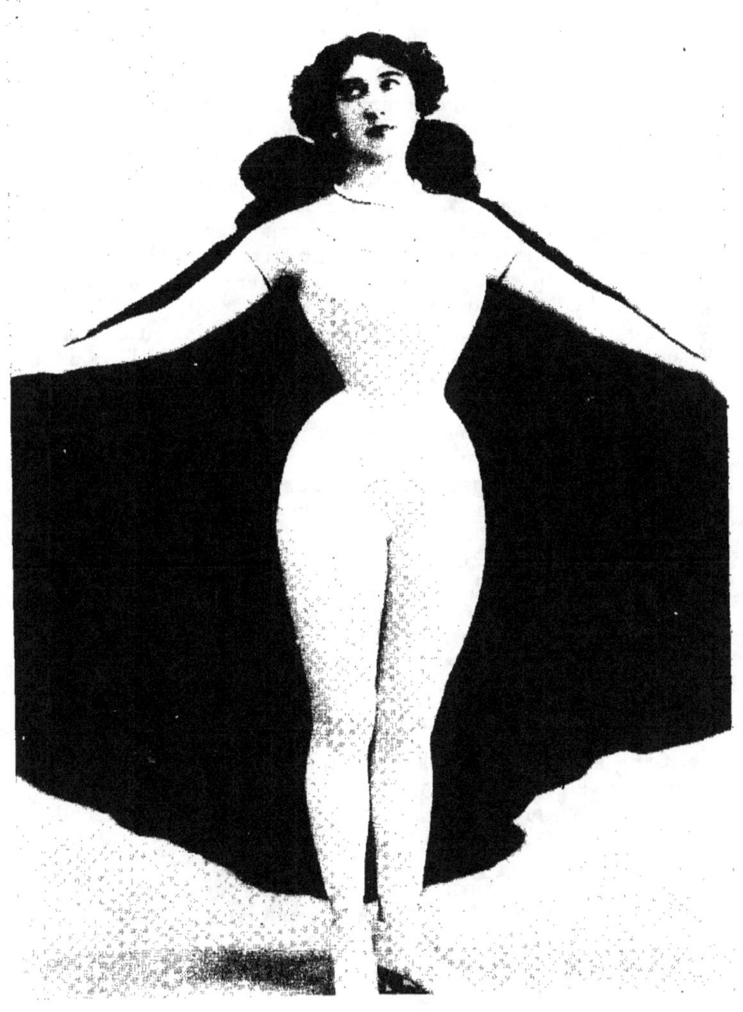

La belle OTERO
Grâce aux exercices physiques a conservé une ligne impeccable

La Beauté de la peau

La pratique et l'expérience sont toujours supérieures à la théorie.

Il a déjà été démontré, dans les chapitres précédents, comment la culture physique en améliorant la santé embellissait en même temps le teint. La blancheur et l'éclat du teint sont, en effet, le résultat et le reflet d'un organisme qui fonctionne parfaitement.

Et point n'est besoin de faire usage de pâtes, de poudres et d'eaux de toilette pour l'obtenir, et nous n'en préconisons aucune.

Il convient cependant de vous expliquer simplement et clairement comment le travail et les exercices affectent l'épiderme de tout le corps et pourquoi il est nécessaire d'apporter plus de soins et une plus grande hygiène à son entretien.

Le corps, ou plus exactement la machine humaine mise en mouvement, produit de la chaleur. Plus la machine travaille, plus sa température augmente, dans les proportions de son activité musculaire ou cellulaire.

Il est donc facile de voir que si vous faites une série d'exercices physiques qui exigent une dépense supplémentaire de force, le corps activera la combustion pour la produire, et par conséquent vous éprouverez une plus grande chaleur qu'à l'état de repos. En termes usuels, vous transpirerez.

Et c'est de cette fonction que dépend la santé, et c'est là le grand bienfait de la culture physique.

Chacun sait que dans la combustion animale qui entretient la vie et le mouvement du corps humain, il y a toujours des déchets, qu'il est de toute importance d'éliminer sous peine de compromettre la santé.

Ces déchets sont appelés toxines parce qu'en réalité, ils deviennent de vrais poisons pour l'organisme, et ils agissent comme tels en causant des troubles, des lassitudes, de l'anémie, et en donnant ce teint terne et maladif qui dévoile leur présence dans le sang.

Or, pour épurer le corps, outre les poumons, les reins et les intestins qui font le plus gros de la besogne, notre peau est tout spécialement adaptée pour servir d'émonctoire aux toxines qui s'accumulent sous toute la surface. Elle est dans ce but munie de pores.

Vous n'êtes pas sans avoir remarqué que les gens qui font des travaux fatigants, ont le teint clair et rosé.

Cela vient de ce que leur peau fonctionne, autrement dit, ils suent, et leur sang se purifie.

En général, les femmes surtout en ville ne font pas de travail assez énergique pour qu'il en résulte la transpiration nécessaire. Mais en y suppléant par les exercices que nous prescrivons, elles obtiendront le résultat désiré.

Donc, vous transpirerez, et surtout ne craignez pas l'abondance, comme font celles qui en ignorent les bienfaits.

Il est même très probable que vous ne ferez pas suffisamment d'exercices pour assurer l'épuration convenable, et qu'il serait bon d'avoir recours de temps en temps aux bains d'air chaud, pour se pré-

L'exercice physique donne de belles épaules

server de bien des malaises et même de maladies qui sont engendrés par un sang vicié.

Ainsi en usaient les Romains, ainsi font les Turcs, les Russes, les Anglais et les Américains de nos jours.

En France, l'hydrothérapie est pratiquée principalement dans les maisons de santé, instituts et sanatoriums, pour le traitement de bien des maladies, mais les bains même ordinaires sont loin d'être vulgarisés comme le demande une bonne hygiène, et comme ils sont d'usage journalier en Angleterre.

Les bains de vapeur et surtout les bains d'air chaud ne sont accessibles encore qu'aux personnes fortunées, et c'est là une lacune à déplorer.

Nous y arriverons nous aussi, sûrement, bien que très lentement (nous sommes d'une prudence exagérée en fait d'hygiène et de simple propreté) et nous aurons aussi des salles de bain dans toutes les maisons et petits appartements.

Il n'y a qu'à attendre.

Mais, en attendant, et comme complément de culture physique et pour remplacer les sports que vous ne ferez pas, nous ne pouvons que vous signaler un moyen de prendre un bain d'air chaud chez soi.

Le rêve de toute femme, c'est d'avoir une peau blanche, fine et nacrée, comme celle des Anglaises; puis d'éviter la corpulence et de conserver les belles lignes de son corps; et enfin, et surtout, de ne pas souffrir aux périodes critiques et dangereuses.

Ce triple désir est atteint et par les exercices réguliers et par le bain thermal.

Vous n'ignorez pas que, même après un bain ordi-

Trois gracieuses gymnastes

naire et un savonnage complet, si l'on prend un bain turc ou russe, les pores éliminent tant de saleté qu'on pourrait croire qu'on ne s'est jamais lavé sérieusement.

La raison en est que les pores ont besoin d'une haute température intérieure pour s'ouvrir et se décharger complètement. Il faut suer, voilà le grand secret de la santé. Voilà le remède à l'obésité.

L'*obésité* provient en grande partie de ce que, de tous les éléments fournis par votre nourriture, vous n'assimilez que

Un agréable trio

la fécule qui se transforme en graisse, gonfle vos cellules et embarrasse vos organes. Cet état aussi dangereux qu'inesthétique ne se produirait pas, si votre sang circulait normalement jusqu'aux confins de votre corps et portait une nourriture normale à la chair et aux viscères; s'il arrivait convenablement à la surface de la peau pour y prendre le contact de l'air et s'y charger de l'oxygène nécessaire à brûler votre graisse; car c'est cette combustion, tant dans les poumons qu'à la surface de la peau, qui entretient notre chaleur naturelle.

Donc, sans négliger vos autres soins de propreté, tub froid, bains, dont vous avez l'habitude, débouchez d'abord vos pores, activez, égalisez votre circulation au moyen du bain thermal, et votre graisse brûlera au lieu de vous encombrer et gonfler; votre sang vous donnera de la chair dure, au lieu d'un mol tissu adipeux; avec

Aussi svelles que vigoureuses

de l'exercice et une nourriture convenable, vous deviendrez svelte et ferme. Tout ceci est clair, naturel, éprouvé depuis longtemps, mais c'est presque un secret que les vendeurs d'orviétan s'acharnent à étouffer.

Sachez encore, tant est importante une bonne et égale circulation du sang, que vous êtes sans excuse, lorsqu'à l'approche de vos époques (surtout après avoir pris froid au bal, au théâtre ou ailleurs), et ressentant de la lourdeur dans le dos, de la lourdeur dans les reins ou l'abdomen, vous ne prenez pas chez vous des bains d'air chaud.

Emma Gauthier
La danse est un excellent exercice

Les congestions, les retards les plus caractérisés disparaissent avec le nombre de bains suffisant, sans drogues coûteuses, ni pratiques malfaisantes, par un effet naturel et infaillible.

Ce genre de bain, plus simple que le bain liquide, au lieu de laisser une sensation de langueur et de dépression, n'a que des effets bienfaisants et délicieux.

Cette femme perdrait toute sa finesse de lignes si la graisse l'envahissait

Nous révélons ainsi le secret d'un véritable bonheur à l' « Eternelle Blessée » de qui la nature tendre et souffrante a tant besoin de voir ses incommodités naturelles, comprises et allégées ; donc plus de malaises, de souffrances aux approches des moments périodiques, mais, à la place, un sentiment de confiance, de contentement, qui se répercute sur tous les organes, ainsi que sur l'humeur et le caractère. Disons plus, cette expulsion régulière, par l'exutoire de la peau, des microbes et poisons, causes de nos maladies, fera du bain régulier de chaleur ou de vapeur, le véritable trésor de la santé, conforme aux enseignements de l'Institut Pasteur.

L'appareil se nomme le « bain thermal pliant xxᵉ siècle » (et il est *le seul* réellement adéquat à son but), il est bon marché, bien construit ; il peut servir aussi à toute la famille en cas de grippes, rhumes, douleurs, névralgies, rhumatismes, maladies de peau, etc., etc

Calculez, ménagères économes, ce qu'il est susceptible de vous épargner en médicaments et soins coûteux.

Une dame se servant du Bain Thermal pliant XXᵉ siècle

L'importance de la
respiration complète

« Je crois que la culture myologique,
selon la méthode Desbonnet, est appelée
à un grand avenir, car elle renferme en
puissance presque tous les éléments du
bonheur humain individuel et social.

« D' DARTIGUES. »

Peu de personnes savent respirer ; les femmes surtout, gênées
pas le port du corset, respirent, pourrait-on dire, *sur le bout des
poumons.*

Une toute petite partie des cellules pulmonaires est utilisée à
chaque aspiration. Seules les premières cellules fonctionnent, les
cellules profondes restent presque toujours fermées, puisqu'elles ne
se déplissent complètement que lorsqu'il y a essoufflement. Or, peu
de femmes font assez d'exercice physique pour en arriver là ; elles
n'utilisent donc jamais, ou presque, toute leur surface pulmonaire.
On comprend sans peine le dommage causé aux poumons par cette
inutilisation des cellules pulmonaires.

Nous allons donc donner à nos lectrices le moyen de remédier à
ce fâcheux état de choses, sans pour cela leur donner des exercices
qui amènent l'essoufflement complet. Il faut d'abord prendre l'habitude de toujours respirer à pleins poumons, ce qui est très utile
et profitable. Celle qui prend l'habitude de faire dix ou douze res-
pirations très profondes avant chaque repas est certaine de mieux
assimiler ses aliments.

La bonne respiration a une heureuse influence sur toute la vitalité du corps. Faites-en l'expérience lorsque vous vous sentirez fati-
guée, faites dix ou douze profondes aspirations. Vous vous aperce-
vrez de suite qu'une partie de votre lassitude a disparu et que
vous vous sentez de meilleure humeur. Une bonne et profonde
respiration est un des meilleurs toniques que puisse prendre le
corps.

Les femmes qui ont une poitrine bien développée ont une force
de respiration peu supérieure à celles qui ont la poitrine creuse et
étroite.

On peut se demander en quoi consiste une respiration correcte et quelle est la différence avec la respiration qui est défectueuse.

Toute la différence consiste dans ce fait que, lorsque la respiration est bonne, l'épine dorsale est parfaitement droite, le corps
redressé, ainsi que le dos et les parois abdominales ; les lèvres
doivent être fermées et la respiration doit se faire par les na-
rines.

Afin de rendre mon explication plus claire et compréhensible,
je conseillerai aux lectrices qui désirent respirer correctement de
suivre les instructions que je donne comme guide dans les lignes
suivantes ; les positions et la régularité que j'indique sont ce qui
est nécessaire pour respirer d'une façon exemplaire.

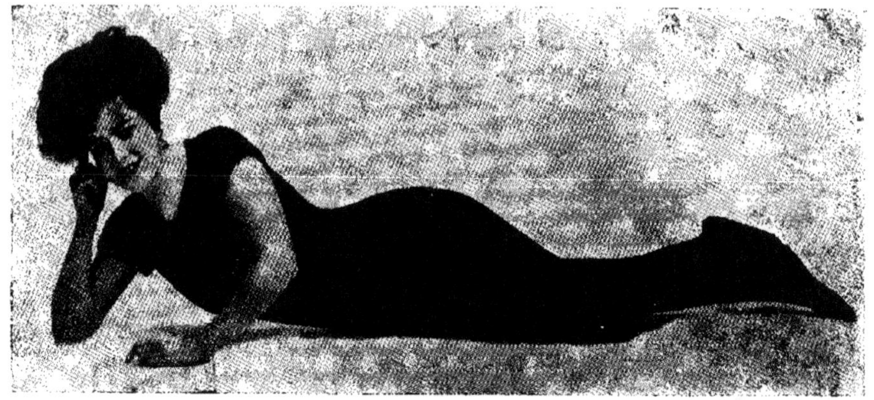

Une belle ligne féminine

Exercices respiratoires.

Tenez-vous droite, respirez profondément, de façon à ce que vos côtés repoussent vos mains qui les maintiennent lorsque vous aspirez l'air dans les poumons.

Deuxième exercice.

Réunissez vos mains à la taille de façon à ce que le bout des doigts se touchent par devant et respirez fortement.

Troisième exercice.

Tenez vos mains sur le haut de l'abdomen, aspirez et rejetez le plus d'air possible, tendez le ventre le plus possible sous vos mains.

Quatrième exercice respiratoire.

Tenez-vous droite, la tête redressée, le pied droit légèrement en avant, placez les mains derrière la tête, respirez profondément en gonflant la poitrine à mesure que l'air est aspiré.

Il est nécessaire de porter des vêtements suffisamment lâches pour permettre les contractions complètes du diaphragme. Les ceintures, corsets, bandes, etc., ne doivent comprimer en aucune façon les organes.

Lorsque le diaphragme et les organes sont comprimés, la respiration ne peut pas être bien faite, c'est ce qui explique que tant de femmes respirent mal. Des vêtements serrés ne permettent que de respirer par le haut des poumons, ce qui est tout à fait défectueux ; on appelle cette respiration « respiration claviculaire ». Cette pratique ne donne pas à celle qui respire tout le bénéfice qu'elle doit retirer d'une respiration normale.

Essayez de respirer, comme je vous l'explique plus haut, pendant quelques jours ; vous serez toute surprise de vous sentir beaucoup mieux portante. Les commençantes doivent d'abord accomplir les exercices très doucement pendant les premières semaines, jus-

Gymnastes

qu'à ce que les organes respiratoires soient habitués à cet effort imposé.

L'acte de la respiration est si important que certains professeurs de culture physique disent que « la bonne respiration donne à celui qui la pratique une puissance inimaginable ».

La bonne respiration donnera plus de force et une plus longue durée de vie en aidant au bon fonctionnement des organes digestifs.

Ses effets sur la vigueur morale et physique sont également très marqués.

Disons encore un mot de la raison qui doit nous obliger à bien respirer.

La respiration est accomplie par les poumons qui sont les organes dans lesquels le sang se purifie. C'est dans les toutes petites cellules des poumons que le sang noir des veines est changé en sang rouge des artères pour entretenir la vie du corps.

L'oxygène est le purificateur du sang ; chaque aspiration remplit les poumons de cet élément vital ; avec chaque exhalation nous rejetons l'acide carbonique sous la forme d'*air usé :* c'est cet air usé qui nous empoisonne lorsque nous restons dans une pièce mal aérée.

La transformation du sang est si rapide lorsqu'il vient en contact avec l'air que nous respirons, qu'il devient immédiatement un sang riche, d'un beau rouge brillant, alors qu'avant de rencontrer l'air c'était un flot noir chargé de tous les poisons de notre organisme ; il est prêt alors à réparer les tissus épuisés et à redonner la vie aux organes de notre corps.

A travers le machinisme de nos poumons la respiration remplit un double but, elle purifie le sang en le débarrassant de toutes les impuretés de l'organisme et lui redonne une nou-

Le saut en hauteur

velle vie. Il est donc raisonnable de fournir à nos poumons de l'air pur — leur nourriture — afin qu'ils puissent accomplir leur importante fonction.

Une grande force de volonté, la vigueur et la santé conservées, seront des résultats acquis par la respiration complète : par conséquent nous devons respirer de l'air pur, et je voudrais bien faire comprendre à mes lectrices la nécessité de vivre et de dormir dans des chambres bien aérées et de respirer régulièrement comme la nature a voulu que nous respirions.

Les exercices de Culture Physique
à accomplir chaque jour
pour obtenir un développement
normal et une excellente santé

« Les exercices de culture physique
sont au moins égaux en mérite aux procédés destinés à former l'intelligence : ils
doivent avoir les mêmes droits. »

« Prof. Brocardel. »

On trouvera dans les pages qui vont suivre dix exercices que j'ai choisis après une longue expérience comme les meilleurs pour se développer facilement. Lorsqu'on les pratiquera avec facilité, ils paraîtront aussi simples que peu fatigants. Ils peuvent être accomplis sans haltères, mais il est préférable de se servir de deux haltères à ressort de 2 livres la pièce (nous donnons plus loin la description de ces appareils) ; ils exercent tous les muscles du corps.

La simplicité de ces exercices sera suffisante pour les recommander à toutes, parce qu'ils ont été établis pour le développement spécial de la femme. Ils peuvent être accomplis en dix minutes, même en comptant le temps du tub.

Les temps de l'exercice et du tub ont été réglés de façon à ce qu'ils ne demandent pas un temps plus long; pour beaucoup de femmes le temps a une importance; c'est souvent parce que le temps nécessaire lui fait défaut que la femme néglige les soins de son corps. Neuf fois sur dix, la vie de la moyenne des femmes se compose de petits devoirs. Elle doit faire sa toilette, surveiller sa garde-robe, s'occuper de son mari, de ses enfants et d'une foule d'autres soins ; elle ne peut donc pas, même avec beaucoup de bonne volonté, disposer de plus de quelques minutes pour son exercice journalier; ou bien elle doit négliger d'autres occupations : ayant cette conviction de l'emploi de son temps, j'ai limité le régime de l'exercice.

Les exercices recommandés devront être accomplis doucement et aisément pendant les premiers jours, jusqu'à ce qu'ils soient devenus tout à fait familiers. Elle pourra alors les faire avec plus de force et de vivacité; quelques jours de pratique régulière lui permettront de les accomplir d'une manière parfaite. Dès que la technique sera acquise, elle devra s'appliquer avec la volonté bien arrêtée d'embellir son corps.

J'appuierai sur l'importance d'avoir une attitude correcte pendant l'accomplissement des mouvements, et aussi d'être toujours

correcte pendant qu'on s'assoit à table, travaille, etc.; une attitude vicieuse est une des causes de la déformation du corps.

Comme je l'ai dit, un des meilleurs exercices pour l'amélioration de la santé, c'est la bonne respiration. En conséquence, je
donne le pas à cet exercice, sur tous les autres, et si limité que soit
votre temps, n'oubliez pas de vous y appliquer quelques minutes
chaque jour.

Description des haltères légers
En quoi consiste la supériorité des haltères à ressorts

La simplicité est la qualité essentielle des bons appareils.

Aussi pour la pratique de l'exercice physique en chambre, rien
n'est supérieur à l'haltère de poids réduit.

Pourquoi ? Parce que l'appareil n'est pas encombrant, parce
qu'il se prête à la progression de l'entraînement tant il est facile
d'augmenter, suivant les besoins, la résistance qu'il oppose à la contraction musculaire.

Avec l'haltère, on localise exactement l'exercice ; c'est-à-dire
qu'on impose à chaque groupe musculaire un travail déterminé :
tour à tour, on localise l'effort dans l'avant-bras, le bras, l'épaule,
les muscles du dos et de la poitrine.

Avec l'haltère, on répète l'exercice localisé jusqu'à ce qu'on ob-
tienne des muscles en jeu un travail suffisant pour déterminer leur
développement en force et en volume.

L'haltère est-il donc l'instrument idéal de culture physique ?

Oui, à certaines conditions.

L'haltère ordinaire, la simple barre réunissant deux boules de
fonte, aurait quelques inconvénients. D'abord, il serait nécessaire
d'en posséder une série assez nombreuse, afin que les divers groupes
musculaires puissent s'entraîner avec le poids correspondant à leur
volume et à leur force ; bien que ce défaut ne soit pas grand, il est
préférable de réduire au minimum le matériel d'exercice physique.

L'haltère simple a surtout contre lui sa facilité de maniement.
Lorsque l'on travaille avec un poids de 1 à 2 kilos, l'effort est si peu
intense qu'il s'exécute par simple contraction réflexe sans l'intervention de la volonté. L'haltère est balancé avec souplesse et en
cadence : mais si le travail est ainsi très facilement exécuté, la contraction musculaire n'est plus localisée ; l'effet de l'exercice sur
le développement musculaire est insignifiant.

Pour remédier à cet inconvénient, il faudrait se servir d'un haltère beaucoup plus lourd ; nécessairement la volonté interviendrait
et les muscles auraient à donner une contraction bien localisée. Mais
l'effort déployé serait trop grand, surtout pour une femme ; le mouvement ne pourrait être répété suffisamment ; surtout le cœur, la
circulation et la respiration souffriraient de cet excès de travail.

On a donc apporté à l'haltère simple des perfectionnements ; on
l'a pourvu de ressorts. Ces haltères, inventés par le fameux athlète
Sandow, portent le nom de l'inventeur.

Avec l'haltère Sandow, pour refermer la main sur la
barre d'union, il faut serrer avec une certaine énergie ; pendant

toute la durée de l'exercice, il faut maintenir la main ainsi fermée par un effort constant de la volonté, car les ressorts tendent toujours à ouvrir les doigts.

Dans ces conditions, il est impossible d'exécuter les mouvements avec mollesse, en usant de balancement ou de saccades. L'esprit est constamment tendu vers ce que l'on fait, la localisation du travail se trouve admirablement réalisée.

Les haltères Sandow sont composés de deux moitiés d'haltères séparées par cinq ressorts.

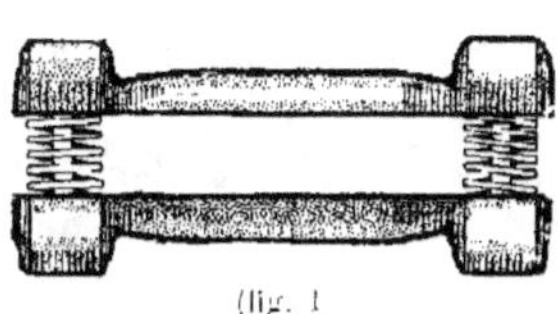

Haltères Sandow à 2 ressorts
pour le début de l'entraînement

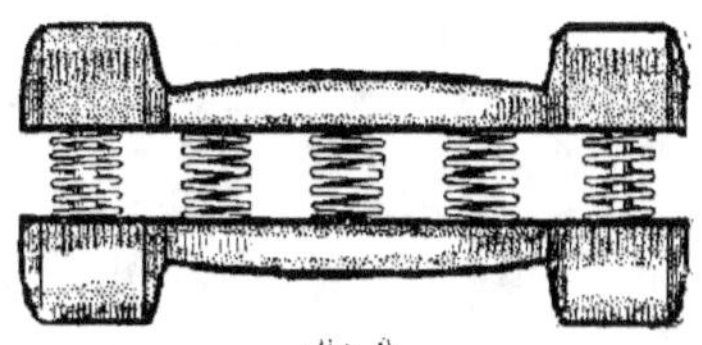

Haltères Sandow à 5 ressorts
pour la fin de l'entraînement

Les ressorts sont amovibles et en nombre variable.

Les mouvements doivent se faire au début avec deux ressorts (*fig.* 1). On augmente chaque semaine d'un ressort pour chaque haltère. Les haltères à ressorts ont l'avantage d'accroître rapidement la force de la main et de l'avant-bras, grâce aux contractions que l'on est forcé de faire pour maintenir les deux moitiés de l'haltère appliquées l'une contre l'autre, pendant la durée des exercices.

L'énergie qu'il faut déployer pour serrer ces engins développe la contractilité des muscles et, par suite, leur puissance à un point, que l'on chercherait vainement à atteindre par tout autre procédé.

La supériorité des haltères à ressorts est particulièrement sensible pour les personnes qui, comme les femmes, n'ont pas l'habitude des travaux manuels et qui, par suite, manquent généralement de force dans les mains, les poignets et les avant-bras.

À noter que le travail avec haltères à ressorts, fût-il réduit à cinq minutes par jour, donne un résultat extraordinaire en un mois. Que nos lectrices essaient et elles en jugeront par elles-mêmes.

Les membres prendront de la forme.

Le grand avantage des haltères à ressorts c'est qu'ils mettent le système musculaire sous la dépendance du cerveau. Or, on sait maintenant que le développement harmonieux d'un corps humain est, en raison directe de l'intervention de la volonté, dans l'exercice physique.

Si vous voulez devenir belle et le rester il faut vouloir! Pour vouloir il faut de la volonté. Les haltères Sandow donnent de la volonté grâce à l'intervention du cerveau sans cesse sollicitée par les ressorts qui tendent à ouvrir la main. Vous ne pourrez donc pas faire vos exercices automatiquement si vous vous servez d'haltères à ressorts. Votre beauté et votre santé dépendent de votre volonté.

Règles générales pour l'usage des haltères à ressorts.

1. — Faites vos exercices tous les jours afin de prendre l'habitude de les faire.

II. — Faites vos exercices tous les jours à la même heure, à l'heure par conséquent où vous êtes sûre de disposer tous les jours de dix minutes ; que ce ne soit pas cependant moins de deux heures après un repas important ; si l'heure vous est indifférente, choisissez le matin au réveil.

III. — Faites vos exercices la fenêtre ouverte si cela est possible ; ayez le torse nu ou couvert d'un maillot léger ; travaillez devant une glace afin de contrôler la bonne exécution des exercices.

IV. — Pendant toute la durée d'un exercice, maintenez la main bien fermée sur l'haltère.

V. — Faites les dix exercices indiqués ci-après et n'en faites pas d'autres. Répétez-les autant de fois qu'il est indiqué, ni plus ni moins.

VI. — Faites vos mouvements à cadence régulière, sans lenteur ni vitesse exagérée ; votre séance complète doit durer dix minutes.

VII. — Il est bon de terminer par une lotion, ou tub, ou friction.

1er EXERCICE

Exercice respiratoire avec élévation latérale des bras

But de l'exercice.

Augmenter la capacité pulmonaire et la mobilité des différentes pièces osseuses du thorax.

Par l'élévation des épaules et l'aspiration complète, développement thoracique, mise en jeu des cellules pulmonaires, accroissement de la capacité respiratoire et de l'élasticité de la plèvre : par la contraction statique des muscles respirateurs, raccourcissement de ceux-ci : donc, en remontant le

1er Exercice

thorax, élévation des côtes pour favoriser la respiration.

Exécution.

Les haltères en main, le corps bien droit, la poitrine bombée, le ventre rentré, le dos des mains sur les cuisses, élever les bras latéralement en aspirant le plus d'air possible. Revenir à la position de départ en rejetant complètement l'air inspiré qui était dans les poumons.

2e Exercice

(Photo Waléry)

A faire 10 fois de suite au début, en augmentant d'une fois par jour jusqu'à 20 fois.

2e EXERCICE

Torsions du tronc sur le bassin

But de l'exercice.

Guérison de l'obésité, des mauvaises digestions et de la constipation.

Par la contraction et l'extension alternatives des muscles obliques de l'abdomen, massage naturel et puissant de l'intestin, augmentant les contractions péristaltiques de cet organe.

3e Exercice

(Photo Waléry)

Exécution.

Les bras tendus horizontalement et latéralement, les pieds restant fixés au sol et les jarrets tendus, torsion du thorax à gauche, puis à droite. La tête suivra la direction du corps : toutefois, si l'élève qui exécute ce mouvement était sujette aux éblouissements, la tête resterait immobile.

Ce mouvement doit être fait 5 fois à droite et 5 fois à gauche pour le début, en augmentant chaque jour de 2 fois, et sera continué jusqu'à 50 fois à gauche et 50 fois à droite quand les muscles de la taille seront bien développés.

La pratique constante de cet exercice permettra à l'élève de se passer de corset en fortifiant les muscles de la taille.

4° Exercice

3° EXERCICE

Flexions latérales du buste sur le bassin

But de l'exercice.

Développer la sangle abdominale et renforcer l'anneau inguinal pour empêcher toute hernie, amincir la taille et guérir les maladies des organes digestifs.

Par l'extension et la contraction alternatives des muscles obliques de l'abdomen, en conservant les bras tendus pour augmenter l'énergie des contractions musculaires, racourcissement de la paroi abdominale pour empêcher l'entéroptose ou chute de la sangle abdominale.

Exécution.

Le corps droit, les haltères au bout des bras tendus verticalement, les mains se touchant, fléchir le corps à droite, puis à gauche, en gardant le haut du corps bien tendu et les jambes écartées.

A faire 5 fois à gauche et 5 fois à droite pour le début, mais ce mouvement peut être continué jusqu'à 20 fois de chaque côté, en augmentant chaque jour de 2 ou 3 fois.

4° EXERCICE

Exercice de grandissement

But de l'exercice.

Acquérir une belle attitude et allonger la colonne vertébrale en faisant travailler énergiquement les muscles extenseurs du rachis.

Exécution.

Porter la jambe gauche et le bras droit en avant, le corps placé obliquement, la jambe droite en arrière et bien tendue, la jambe gauche fléchie, le bras gauche étendu en arrière. Faire un pas en avant en portant la jambe droite et en la fléchissant, la jambe gauche restant en arrière et tendue, le bras droit en arrière, le bras gauche en avant.

A faire 10 fois à gauche, 10 fois à droite, soit 20 fois, en augmentant de 2 fois par jour jusqu'à 40 fois.

5ᵉ EXERCICE

Flexions du buste sur le bassin dans le décubitus dorsal

But de l'exercice.

Pour diminuer l'obésité, combattre les maux d'estomac en déterminant des contractions énergiques de la grande courbure de l'estomac. Par la contraction énergique du côté gauche de l'estomac, auto-massage naturel (actif et non passif) de la grande courbure de l'estomac dont les muscles lisses acquièrent une grande force, ce qui a pour effet de mettre l'élève à l'abri des maladies d'estomac et de la guérir rapidement si elle souffrait de cet organe.

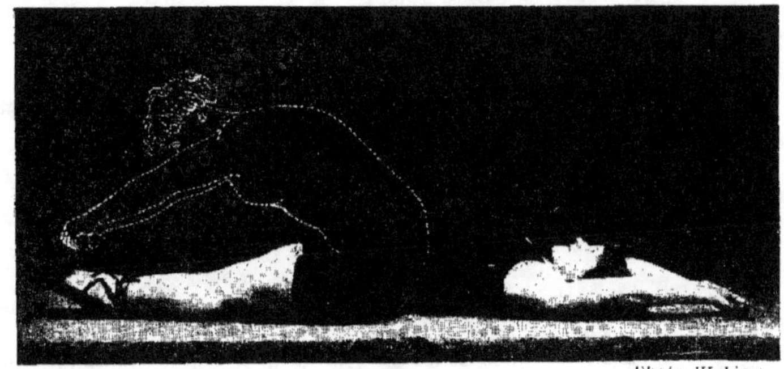

5ᵉ Exercice

Exécution.

Etant couchée sur le dos, les pieds fixés sous un meuble pour les empêcher de se soulever, ramener le buste vers les pieds en s'efforçant de toucher le bout du pied droit avec la main gauche, ce qui déterminera une torsion du thorax vers la droite.

A faire 5 fois de suite, en augmentant d'une fois chaque jour jusqu'à 20 fois.

6ᵉ EXERCICE

Flexions des cuisses sur l'abdomen dans le décubitus dorsal

But de l'exercice.

Amincir la ceinture, développer la sangle abdominale et combattre l'obésité et la constipation par la compression alternative de la masse intestinale.

6ᵉ Exercice   (Photo Waléry)

Exécution.

Couchée sur le dos, amener alternativement les genoux vers la poitrine, les talons ne touchant pas le sol, la pointe des pieds allongée.

Exécuter le même exercice en amenant simultanément les genoux vers la poitrine.

A faire 10 fois de chaque jambe pour le début, en augmentant de 2 fois par jour jusqu'à 40 fois.

7ᵉ EXERCICE

Elévation simultanée des jambes tendues dans le décubitus dorsal

But de l'exercice.

Amincir la taille, combattre l'obésité, les mauvaises digestions et la constipation.

Par la contraction des muscles grands droits de l'abdomen, les muscles lisses de l'estomac sont réveillés de leur torpeur et guéris de leur paresse. Les digestions deviennent faciles, les aliments lourds ne sont plus indigestes.

7ᵉ Exercice   (Photo Waléry)

Exécution.

Étant couchée sur le dos, amener les jambes tendues jusqu'à ce qu'elles forment un angle droit avec le corps, la pointe des pieds bien allongée.

Exécuter le même exercice en levant alternativement les jambes.

À faire **10** fois pour le début, en augmentant de **2** fois par jour jusqu'à **20** fois.

8ᵉ EXERCICE
Flexions
et extensions du tronc

But de l'exercice.

Réduire la corpulence, conserver l'élégance de la taille, la souplesse du corps et combattre victorieusement la constipation et l'obésité. Assouplissement des reins avec compression de la masse intestinale pour faire avancer le bol alimentaire et hâter l'évacuation des matières inutilisées vers les issues naturelles.

Par la compression énergique de l'abdomen, augmentation de la force et de la vitesse des contractions péristaltiques de l'intestin, auto-massage actif de l'estomac, assouplissement de la colonne vertébrale et développement des muscles lombaires.

(*Photo Waléry*)

8ᵉ Exercice

Exécution.

Les haltères en mains en serrant les poignées le plus possible, bien se grandir pour fournir une extension complète de la colonne vertébrale. Abaisser le corps en avant, en gardant les jambes tendues, porter les haltères le plus en arrière possible et à la hauteur des genoux, de façon à amener le thorax près des cuisses.

À faire **10** fois de suite, en augmentant d'une fois par jour jusqu'à **30** fois.

9ᵉ EXERCICE

Contractions des lombaires dans le décubitus abdominal

But de l'exercice.

Faire disparaître le dos rond. Assurer une bonne attitude en développant les muscles du dos, des épaules et de la nuque.

Par la contraction des muscles lombaires, redressement de la colonne vertébrale; par la contraction des muscles fixateurs de l'omoplate, le dos devient plat et les mauvaises attitudes sont sup-primées.

Exécution.

Les pieds fixés à terre sous un meuble ou retenus par une cour-roie, par un objet pesant ou par la main de l'instructeur, les hal-tères dans les mains et derrière la tête, les bras pliés, les coudes rapprochés l'un de l'autre, relever le buste en contractant forte-ment les muscles lombaires.

9e Exercice

(Photo Waléry)

Augmenter le travail musculaire en portant les bras dans le prolongement du corps.

A faire 5 fois de suite, en augmentant d'une fois jusqu'à 20 fois.

10e EXERCICE

Flexions et extensions sur les extrémités inférieures

But de l'exercice.

Développer les muscles de la face antérieure de la cuisse (*qua-driceps*), augmenter l'élasticité des ligaments articulaires et don-ner de l'élégance à la marche.

Par la contraction des muscles quadriceps des cuisses, déve-loppement de la face antérieure et interne de la cuisse.

Photo Waléry,

10ᵉ Exercice

Par la résistance opposée à la chute brusque du corps, contraction frénatrice du biceps crural, d'où développement de la face postérieure de la cuisse.

Exécution.

Flexions et extensions sur les extrémités inférieures, les genoux rapprochés, en portant les bras tendus devant la poitrine.

Avoir soin de ne pas laisser tomber brusquement les fesses sur les talons, résister au contraire pour amortir la chute.

À faire 10 fois de suite, en augmentant d'une fois chaque jour jusqu'à 20 fois.

Après les exercices, lorsque le corps est en transpiration ou en moiteur, se passer l'éponge ou un linge mouillé sur le corps, puis se sécher avec un linge bien sec.

Deux fois par semaine prendre un tub ou une douche d'une minute au plus, chaude pour le début, tiède ensuite, puis froide, pour donner plus de vigueur au corps et accélérer la circulation sanguine.

Pour de plus amples renseignements je renvoie mes lectrices aux chapitres : Natation, Douche, Friction et Massage.

LA GYMNASTIQUE SUÉDOISE SIMPLIFIÉE
Sa valeur augmentée par le développeur

De la valeur des mouvements doubles
dans la gymnastique suédoise

Des mouvements simples, doubles ou passifs, leur valeur respective.

Tous les médecins sont unanimes à recommander la gymnastique suédoise surtout aux femmes. Ce fut le Suédois Ling qui retrouva et coordonna les exercices des anciens et sa méthode qui donne d'excellents résultats prit le nom de gymnastique suédoise.

Le principal mérite de Ling fut d'avoir introduit dans la gymnastique suédoise l'usage des mouvements doubles et étendu celui des mouvements passifs.

Il y a, en effet, une énorme différence au point de vue physiologique entre les exercices purement athlétiques et ceux plus judicieux que l'on peut qualifier de scientifiques ou médicaux.

Les mouvements employés dans un but médical ont lieu dans les muscles, les os, les tissus, tendons et dans toutes les parties molles; ils se divisent en trois genres qui sont susceptibles de varier beaucoup sous le rapport de la quantité et de la qualité : mouvements actifs, demi-actifs et mouvement passifs.

Les mouvements actifs ou simples d'une ou de plusieurs parties du corps sont produits sous l'influence de la volonté propre de la personne qui les exécute avec ou sans appareils, tels les mouvements avec haltères.

Les mouvements demi-actifs ou doubles consistent en ce qu'un élève exécute un mouvement tandis que le professeur oppose de la résistance et cherche à empêcher le mouvement, ou bien c'est le professeur qui cherche à exécuter le mouvement, tandis que l'élève lui résiste. (Nous allons retrouver ces mouvements simplifiés au chapitre du développeur.)

Dans les mouvements passifs, l'action vient tout entière du professeur, l'élève n'oppose aucune résistance.

Pour l'instant nous ne parlerons que des mouvements doubles à cause de leur puissante action au point de vue physiologique.

Les mouvements demi-actifs ou doubles ont une grande importance au point de vue de la santé; ils possèdent la propriété de déterminer une formation nouvelle des tissus, et qui n'est pas, comme dans les mouvements actifs, compensée par la puissance physiologique opposée produite par les antagonistes. Ils activent aussi les sécrétions, le cours du sang, l'inspiration, etc.

Mais pour recueillir le bénéfice des mouvements doubles de la gymnastique suédoise, il fallait un instructeur et force était pour la plupart de se passer de mouvements doubles, les plus importants au point de vue de la formation des tissus.

On chercha à remplacer la résistance de l'instructeur par des ressorts à boudin, on y parvint et Pichery, en 1854, mit le premier dans le commerce des ressorts très ingénieusement disposés.

Ces ressorts très chers, très encombrants, se fatiguaient vite et perdaient leur pouvoir rétractile, ils obtinrent un succès relatif et furent abandonnés.

Sandow enfin vers 1897, en cherchant à perfectionner différents appareils de traction avec ressorts à boudin, imagina un dispositif très ingénieux de traction au mur par le moyen de cordons élastiques; le principe était trouvé et une fois de plus la théorie devait s'incliner devant la pratique.

L'appareil prenait le nom de son inventeur et celui de développeur.

Les mouvements doubles de la gymnastique suédoise étaient désormais à la portée de tous par le développeur. Depuis ce jour le nom de développeur Sandow s'est tellement popularisé que pour désigner un quelconque des appareils en caoutchouc on dit couramment un Sandow.

Comme en toute chose nous reconnaissons que la pratique est supérieure à toutes les théories, nous nous bornerons à présenter le Sandow, véritable appareil créé par un praticien, et à analyser les principaux exercices que l'on peut faire avec lui.

La merveilleuse santé de l'inventeur nous prouve éloquemment que le travail exécuté avec le Sandow n'est pas du temps perdu et si nos lectrices obtiennent seulement une petite partie de la santé, et de la beauté que Sandow a obtenue par son travail opiniâtre, nous serons amplement récompensés de notre labeur.

Le Développeur Sandow

Lorsqu'on met un haltère à bout de bras, dès que le poids a quitté le sol, la tension musculaire ne varie plus, l'effort est toujours le même, par exemple 5 kilos au bout du bras à 2 mètres de hauteur du sol, c'est toujours 5 kilos comme à 20 centimètres du sol. Il y a donc résistance uniforme. C'est un mouvement simple.

Lorsqu'on tire sur un développeur Sandow fixé au mur, la force de traction du début est (donnons un chiffre pour préciser) de 2 kilos à 50 centimètres du mur; de 5 kilos à 70 cent. du mur; de 10 kilos à 1 mètre du mur; de 15 kilos à 1 m. 05 du mur, ce qui fait que plus le corps s'éloigne de l'appareil, plus le muscle en jeu doit fournir de travail. Il y a donc résistance progressive. C'est un mouvement double.

C'est au moment où le muscle est complètement contracté qu'il doit fournir, avec le développeur, le plus grand effort, tandis que nous avons vu tout à l'heure qu'avec l'haltère la résistance ne variait jamais.

Le développeur en caoutchouc remplit donc le rôle d'un professeur qui, comme dans les exercices de la gymnastique suédoise, oppose de la résistance et cherche à empêcher le mouvement de l'élève lorsque s'éloignant du mur, celui-ci veut accomplir un exercice.

Le développeur remplit également le rôle du professeur lorsque l'élève éloigné du mur cherche à y rester à la même distance; le développeur opposant sa traction à l'élève l'oblige à revenir lentement vers le mur en diminuant la tension au fur et à mesure de la fatigue de l'élève.

C'est encore un mouvement double en même temps qu'une contraction musculaire dite négative parce qu'elle ne produit pas de travail effectif.

Ainsi donc le développeur permet de pratiquer seul les mouvements usités au point de vue médical et thérapeutique dans la gymnastique suédoise et qui nécessitaient la présence d'au moins un instructeur.

On peut dire que le développeur imaginé par Sandow fit faire un grand pas à la culture physique individuelle en permettant à chacun de s'entraîner seul et rationnellement dans le silence du cabinet de toilette, et d'en retirer les mêmes avantages qu'il en aurait à faire les mouvements doubles de la gymnastique suédoise.

Voyons maintenant de quoi se compose l'appareil, comment il fonctionne et quels sont les différents mouvements qui peuvent se faire aisément sans qu'il soit besoin d'un aide pour opposer sa résistance à celle de l'élève.

LE SANDOW

Le Sandow se compose de 4 petites branches se reliant par un anneau central à deux longues branches, au bout desquelles sont fixées les poignées formées de deux haltères légers. Les 4 petites branches sont accrochées horizontalement au mur, une par une ou deux par deux, selon la force de l'élève, et l'appareil est prêt à fonctionner.

LE FONCTIONNEMENT

Instructions générales pour se servir du développeur

1° Visser les pitons à fond sur l'encadrement d'une porte ou d'une fenêtre de telle façon que l'on puisse se servir du « Developer » dans la position indiquée sur le tableau d'exercices ci-dessous ;

2° S'exercer autant que possible dans une pièce aérée ou même en plein air, les vêtements doivent être amples afin de ne pas gêner les mouvements du cou, des poignets ou de la taille ;

3° Attendre qu'une heure se soit écoulée après le repas pour s'exercer, continuer l'exercice jusqu'à ce que les muscles en jeu soient fatigués ;

4° L'élève débutera avec l'appareil en tenant les poignées éloignées d'environ un mètre et demi du point de fixation, à mesure que sa force augmentera il pourra travailler jusqu'à la distance de deux mètres et demi *sans jamais la dépasser*.

L'appareil tiré à fond offre assez de résistance pour servir à un athlète.

L'élève ne doit pas perdre de vue que de meilleurs résultats sont obtenus et avec moins de fatigue par des exercices répétés plutôt que par des exercices de force.

5° Bien observer la position du sujet sur les gravures et suivre les mouvements indiqués en pointillé.

6° Commencer à s'exercer un nombre raisonnable de fois dans l'ordre des gravures.

7° En dehors des exercices indiqués sur ce tableau les mouvements simulant la nage, l'escrime, le canotage, etc... peuvent être exécutés avantageusement avec cet appareil.

8° La position des jambes doit être changée de temps en temps.

9° Limiter la durée de l'exercice avant le repas.

Observation importante

Avec l'appareil transformé en « Developer » les exercices devront être faits à la cadence de 30 à 40 mouvements à la minute, selon l'exercice.

Ces mouvements bien accentués et exécutés à fond devront être répétés un plus grand nombre de fois au fur et à mesure des progrès de l'élève.

1er Exercice pour remonter la poitrine et développer les pectoraux.

Le dos tourné à l'appareil, les bras tendus verticalement, les mains au-dessus de la tête, descendre les bras en avant jusqu'à ce que la paume des mains vienne toucher la face antérieure des cuisses. Revenir à la position de départ.

Répéter l'exercice 10 fois de suite.

2e Exercice pour élargir la poitrine, arrondir les seins et faire disparaître les salières.

Le dos tourné à l'appareil, les bras tendus horizontalement, ramener les poignées de l'appareil devant le corps à hauteur du sternum.

Revenir à la position de départ en portant lentement les bras le plus possible en arrière pour bien allonger les fibres musculaires des grands pectoraux.

Répéter l'exercice 10 fois de suite.

*3ᵉ Exercice pour arrondir les épaules,
développer le thorax et faire disparaître les salières.*

Le dos tourné à l'appareil, les bras
tendus et portés en arrière du corps,
amener les bras devant la poitrine jusqu'à la position horizontale, revenir
doucement à la position de départ en
respirant fortement.

A faire 10 fois de suite.

*4ᵉ Exercice pour assurer
une bonne attitude en
rapprochant les omopla-
tes de la ligne médiane.*

Face à l'appareil, les
bras allongés devant la poitrine, amener les bras jusqu'à la position latérale,
rester 5 secondes dans cette
position et revenir à la position de départ.

A faire 10 fois de suite.

*5ᵉ Exercice contre la consti-
pation et les maladies
de l'estomac.*

Face à l'appareil, assise
sur le parquet, les pieds
près du mur, porter le
corps en avant en décrivant
un demi-cercle avec les bras
tendus, toucher la pointe
des pieds avec les mains et
revenir doucement à la position de départ.

A faire 10 fois.

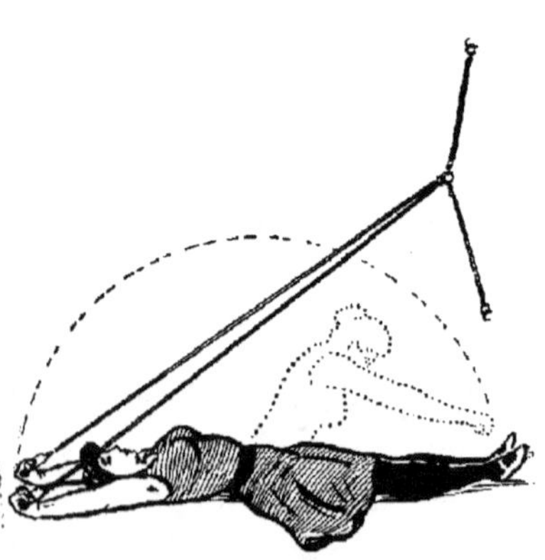

6ᵉ Exercice pour durcir les seins.

Le côté gauche tourné vers l'appareil, les deux poignées dans une main ramener la main gauche sur la cuisse droite, le bras restant bien tendu. Revenir à la position de départ.

À faire 10 fois de suite avec chaque main.

7ᵉ Exercice pour développer le grand dorsal et effacer les omoplates.

Le côté droit tourné vers l'appareil, le bras tendu horizontalement et latéralement ramener le poing droit sur la fesse droite. Revenir à la position de départ.

Répéter 10 fois l'exercice avec chaque main.

8ᵉ Exercice pour développer les épaules.

Le côté gauche tourné vers l'appareil, la main droite à hauteur du pubis, le bras bien tendu, lever le bras droit jusqu'à la position horizontale, revenir doucement à la position de départ.

Répéter 10 fois l'exercice avec chaque main.

9ᵉ Exercice pour développer les cuisses.

Le côté gauche tourné vers l'appareil, le pied passé dans l'étrier en sangle, la main droite tenant le dossier d'une chaise pour garder l'équilibre, rapprocher la cuisse gauche de la cuisse droite, revenir lentement à la position de départ.

Répéter 10 fois cet exercice avec chaque jambe.

10ᵉ Exercice pour développer les muscles des cuisses et les fessiers.

Le côté gauche tourné vers l'appareil, le pied passé dans l'étrier, la main gauche tenant le dossier d'une chaise pour garder l'équilibre, éloigner la cuisse droite de la cuisse gauche en la portant à la position horizontale. Revenir à la position de départ.

Répéter 10 fois l'exercice avec chaque jambe.

11ᵉ Exercice pour développer la poitrine en épaisseur et boucher les fosses sus et sous-claviculaires (appelées salières).

Le côté gauche tourné vers l'appareil, le bras gauche tendu horizontalement et latéralement: ramener le bras tendu devant la poitrine sans bouger le corps. Revenir lentement à la position de départ.

Faire 10 fois de suite le même exercice avec chaque bras.

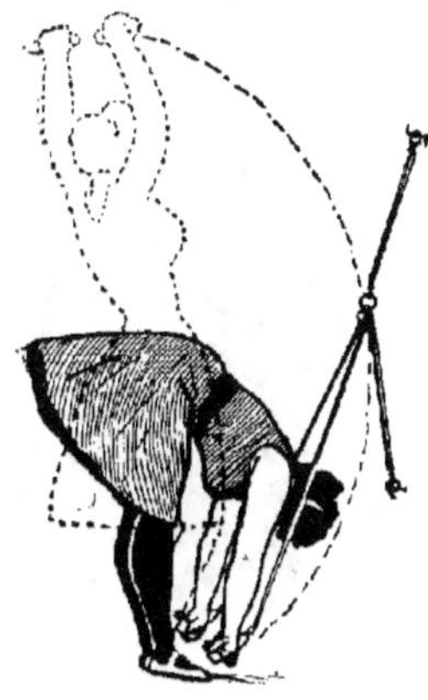

*12e Exercice pour guérir l'obésité, les ma-
ladies d'estomac et d'intestin, développer les muscles lombaires et amincir
la taille.*

Face à l'appareil, le corps plié en deux,
les bras et les jambes tendus, le ventre le
plus rapproché possible des cuisses pour
exercer une pression sur les organes digestifs, relever le corps bien droit, les
bras restent tendus. Revenir à la position
de départ.

Faire 10 fois de suite cet exercice.

*13e Exercice pour guérir de la consti-
pation, assurer une bonne digestion
et amincir la taille.*

Le côté gauche tourné vers l'appareil, le bras replié au-dessus de la tête,
incliner latéralement le corps vers la
droite en rapprochant le plus possible
le thorax de la cuisse droite. Revenir
à la position de départ.

Répéter dix fois l'exercice avec chaque main.

*14e Exercice pour redresser les dos ronds,
corriger les mauvaises attitudes, assurer
un beau port de tête.*

Face à l'appareil, les deux bras pliés en
angle droit devant le corps, étendre complètement les bras en les portant le plus en
arrière possible sans bouger le corps. Revenir doucement à la position de départ.

Faire 10 fois cet exercice.

15ᵉ Exercice respiratoire pour assurer une grande mobilité aux pièces osseuses qui composent le thorax, remonter la poitrine, amincir la taille.

Face à l'appareil, le bras droit le long du corps, le bras gauche tendu horizontalement devant la poitrine, lever le bras droit et abaisser le bras gauche alternativement en faisant jouer le thorax pour l'assouplir.

A faire 10 fois de suite.

16ᵉ Exercice pour améliorer les fonctions digestives et fortifier le dos.

Face à l'appareil, les bras repliés derrière la tête, les mains sur le sommet de la tête. Plier le corps en avant en gardant les jarrets tendus et revenir à la position de départ.

A faire 10 fois de suite.

17ᵉ Exercice respiratoire pour remonter le thorax et développer les épaules.

Face à l'appareil, les bras tendus verticalement, les mains sur la face antérieure des cuisses, porter les bras tendus au-dessus de la tête en décrivant un demi-cercle avec les mains, en respirant fortement. Le ventre doit être rentré complètement, la poitrine bien bombée à chaque inspiration et bien affaissée à chaque expiration pour assouplir les articulations sterno-costo-vertébrales.

Revenir à la position de départ.

Faire 10 fois cet exercice.

Chacune des élèves trouvera dans les exercices au développeur Sandow donnés ci-dessus ceux qui lui conviennent particulièrement selon ses désirs ou ses besoins physiologiques, soit qu'elle recherche un moyen de guérir la constipation, soit qu'elle veuille remonter sa poitrine qui tombe, soit qu'elle veuille amincir sa taille ou tout autre partie de son corps.

Pour varier les exercices l'élève pourra pratiquer un jour le développeur Sandow et un autre jour les haltères à ressorts Sandow.

Les Exercices de Grandissement
Peut-on grandir ?

Resteriez-vous pauvre si vous pouviez être riche ?
Pourquoi restez-vous petit, puisque vous pouvez grandir ?

La mode actuelle des hauts talons n'a été créée que pour répondre au besoin de la femme qui veut paraître grande, pour être plus élégante, plus gracieuse et avoir cette marche de déesse, que seule possède la femme de belle taille : alors pour paraître plus grande, la femme se martyrise les pieds, se déforme les jambes, s'expose aux maladies des organes contenus dans le bas-ventre et ne peut faire un kilomètre à pied sans être fourbue. En outre, le port des chaussures avec hauts talons fait ressembler la femme à une Chinoise marchant sur des petits bancs et lui donne l'allure d'un canard qui marche. Et tout cela pour gagner 2 à 3 centimètres de hauteur.

Eh bien, pourquoi la femme ne cherche-t-elle pas à ac-

La mode ancienne juchait la femme sur des bouts de bois.

La mode actuelle perche la femme sur des bouts de cuir, il y a progrès

quérir véritablement une plus haute taille, pourquoi ne pas grandir, puisque maintenant le fait est reconnu exact? On peut grandir à tout âge de 3 à 7 centimètres en 3 mois, rien que par l'usage d'un appareil très simple dénommé grandisseur, comme nous allons le prouver.

On se résigne trop facilement à rester petit ; on estime immuable la taille que nous a donnée la nature, et, ce qui est un grand tort, on ne cherche pas à la modifier au mieux de l'esthétique. Or, s'il est vrai qu'on ne peut faire d'un nain un géant, il nous est loisible maintenant d'accroître notre taille dans de notables proportions par des pratiques assez simples.

Pour découvrir le procédé, il suffisait de considérer les divers éléments dont la juxtaposition assure la longueur du corps et de voir si quelques-uns d'entre eux n'étaient pas susceptibles de développement. Or, le corps comprend, en hauteur, trois segments distincts : la tête, le tronc et les jambes. Il est bien évident qu'à l'âge adulte on ne peut changer la hauteur de la tête ; mais il en va tout autrement du segment intermédiaire, le tronc. Sa longueur est, en effet, assurée par une tige flexible : la colonne vertébrale ; nous allons voir qu'en s'adressant à elle toute femme peut obtenir une augmentation de taille de *3 à 8 centimètres.*

La colonne vertébrale, située entre la tête et le bassin, est une tige constituée par l'empilement de petits os spéciaux, les vertèbres, au nombre de 32, entassées les unes sur les autres comme des pièces de monnaie. Elles sont réunies entre elles par des ligaments et des muscles qui, sans leur permettre de se séparer, leur laissent exécuter tous les mouvements de flexion, d'extension et de rotation que nous pouvons imprimer au tronc.

Parmi ces moyens d'union des vertèbres entre elles, il en est un sur lequel il est nécessaire d'insister : c'est le *ménisque intervertébral.* On appelle ainsi un petit disque fibro-cartilagineux interposé entre les vertèbres, de façon que les surfaces osseuses ne soient pas en contact (*fig.* 1). Ce ménisque, outre qu'il maintient accolées les vertèbres, assure leur mobilisation facile. Mais, au cours de l'existence, il subit des modifications assez importantes, suivant les habitudes de vie de l'individu. Chez les personnes sédentaires et les gens qui ne donnent pas une grande mobilité à leur colonne vertébrale, il tend à s'atrophier, à s'écraser et même à se changer complètement en tissu osseux, comme on le voit chez les vieillards : la colonne vertébrale est ankylosée. On remarque d'ailleurs, tout naturellement, que les ménisques s'atrophient principalement dans les parties les moins mobiles : les régions lombaire et dorsale ; par contre, au cou, ils conservent longtemps leur mobilité.

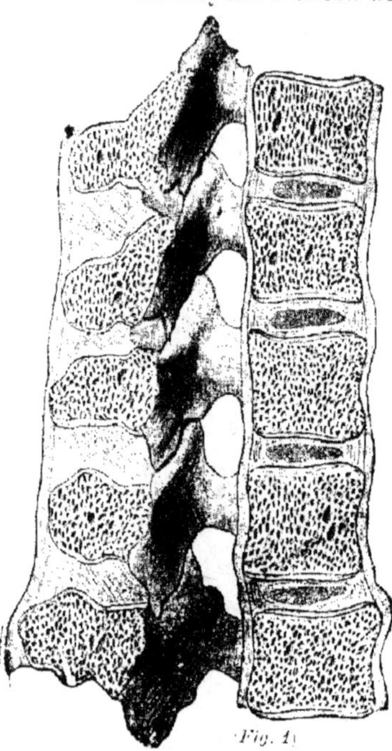

Fig. 1

Coupe des dernières vertèbres dorsales et des premières lombaires montrant les ménisques cartilagineux.

Qu'on veuille considérer qu'un ménisque intervertébral en bon état mesure de 3 à 4 millimètres d'épaisseur et que par dégénérescence il peut diminuer jusqu'à 1 millimètre. La colonne vertébrale en compte 22 : on voit donc que la longueur de cette colonne, et par conséquent la taille du sujet, peut varier, de l'état d'extrême vitalité à l'état d'atrophie complète des ménisques, d'environ 7 centimètres ; en réalité, ce chiffre est rarement atteint, parce que tous les ménisques n'arrivent pas à subir cette dégénérescence complète ; il en subsiste toujours quelques-uns à l'état de vitalité : néanmoins, on peut bien admettre que beaucoup de gens perdent de ce chef 3 à 4 centimètres de leur taille.

Mais si personne ne laisse s'atrophier ainsi la totalité de ses ménisques, personne non plus ne pense à leur assurer à tous **leur** développement complet. Les individus les plus robustes conservent tous, surtout au niveau du dos et des lombes, un certain nombre de ces fibro-cartilages écrasés, anémiés, en voie de dégénérescence ; s'il n'en est qu'une douzaine à perdre de ce fait 2 millimètres 1/2 de leur hauteur, cela n'en arrive pas moins à diminuer de 3 centimètres la taille du sujet.

Il est encore une cause qui fait les hommes et les femmes plus petits qu'ils ne devraient être ; nous voulons parler des *flexions*, des *déviations* de la colonne vertébrale.

L'enfant vient au monde avec une colonne vertébrale absolument rectiligne ; c'est une ligne droite tirée de la base du crâne au bassin. Cette rectitude se maintient, chez les enfants bien développés, pendant assez longtemps : jusqu'à deux ou trois ans, on en rencontre quelques-uns présentant cette conformation, et, s'ils ne sont pas plus nombreux, ce n'est qu'en raison de la rareté de la santé parfaite en ces temps modernes.

Avec l'âge, la colonne vertébrale subit des incurvations comme si elle s'affaissait sous le poids des parties qu'elle soutient. Notons d'abord la formation et l'exagération de la cambrure des reins : à ce niveau, la colonne vient à décrire une courbe dont la concavité se trouve tournée en arrière ; le ventre, consécutivement, se trouve rejeté en avant, bombant disgracieusement, sans qu'il y ait pourtant la moindre obésité. Presque en même temps se fait dans la région du dos une seconde courbure tournée en sens inverse : c'est la difformité des dos ronds. On peut dire que personne actuellement n'échappe à ces deux tares : il faut qu'elles s'exagèrent pour être considérées comme des infirmités.

A notre avis, il n'y a rien là de naturel : ce n'est pas parce qu'une chose est fréquente qu'elle est normale, car c'est le propre de la perfection que d'être l'exception.

Il suffit de regarder dans la rue pour se rendre compte que la beauté du visage est très rare ; soutiendra-t-on que la laideur est normale et que c'est le type que nous devons chercher à réaliser ?

D'ailleurs, pour revenir à la direction de la colonne vertébrale, nous voyons que sa rectitude apparente est un élément indispensable de beauté plastique. Les chefs-d'œuvre antiques présentent tous cette disposition et il suffit de considérer la silhouette du *Gladiateur* Borghèse, et celle d'un de nos contemporains pour nous rendre compte que la première constitue le type idéal.

Or, les courbures de la colonne vertébrale non seulement enlaidissent, mais diminuent notablement la taille. Une tige ne peut se courber sans diminuer de longueur. De ce fait, le nombre de centimètres perdus peut être assez considérable, très variable d'ailleurs suivant le degré des courbures. Mais, prenons un chiffre moyen : supposons une portion dorsale de la colonne vertébrale ayant en ligne droite une longueur de 20 centimètres ; si elle se courbe de façon à donner un arc de cercle dont la flèche mesure 2 centimètres, sa hauteur diminuera de 1 centimètre 1/2 environ. La courbure lombaire inverse donnera un résultat analogue, ce qui fait que la perte en hauteur atteindra 3 centimètres. Cela pour des courbures très banales et que l'on considère comme normales.

A des degrés plus avancés, les déviations vertébrales deviennent, de l'aveu de tous, des infirmités. Ces exagérations prennent au dos le nom de *cyphoses*, aux lombes le nom de *lordoses*.

On peut dire que presque tous les obèses sont atteints de tares.

surtout de la seconde ; c'est le poids de leur abdomen qui les porte à se cambrer en arrière, par une simple loi d'équilibre ; par compensation, pour que la tête ne soit pas portée en arrière, la colonne vertébrale exagère sa courbure en avant. Le plus fâcheux, c'est que cette difformité, que tous les artifices des tailleurs arrivent à peine à dissimuler, ne fait qu'augmenter t o u s les jours, parce que dans cette position vicieuse du corps les organes abdominaux tendent toujours à se déplacer, à tomber en bas et en a v a n t, constituant *l'entéroptose*, source de tant de malaises.

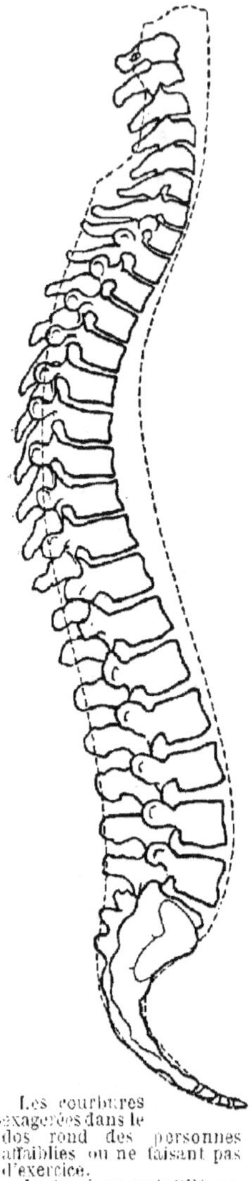

Parfois aussi la colonne vertébrale se dévie sur le côté ; ici nous entrons en pathologie, dans le chapitre des déviations latérales, dites *scolioses*, si fréquentes pendant l'adolescence, surtout chez les jeunes filles. Les mères qui voient leur progéniture se déformer ainsi n'aiment généralement pas à avouer que leurs enfants sont bossus ; on parle plus volontiers d'une épaule plus haute que l'autre, d'une hanche trop forte, d'une mauvaise tenue. Il suffit de regarder, pourtant, pour voir que la colonne vertébrale, au lieu de conserver sa rectitude, a pris sur le côté la forme d'un S très allongé.

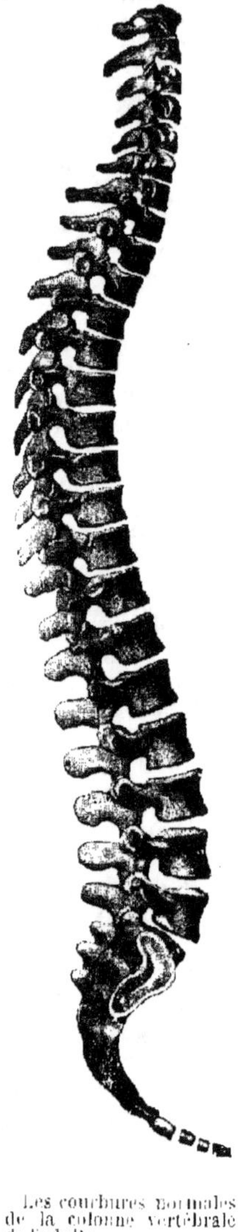

Les courbures exagérées dans le dos rond des personnes affaiblies ou ne faisant pas d'exercice.

Le tracé en pointillé représente les courbures normales

Les courbures normales de la colonne vertébrale de l'adulte.

Pour expliquer la formation des *scolioses*, on incrimine bien des choses : le rachitisme, une maladie spéciale des os, les mauvaises attitudes prises surtout en écrivant, d'où le nom de *déviations scolaires,* qu'on leur a donné.

Pourquoi la colonne vertébrale, droite au premier âge, subit-elle des déformations ? Ce n'est pas en elle-même qu'on en trouvera la raison, car elle n'est qu'une sorte d'empilement de disques des uns sur les autres, incapables de conserver seuls une bonne

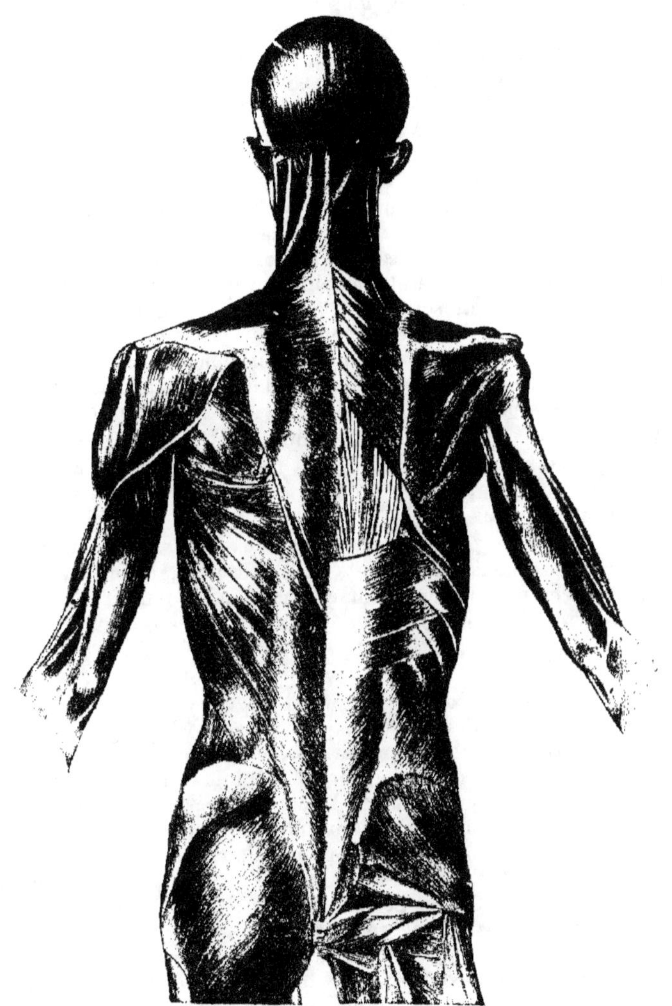

Les muscles dorsaux (couche superficielle)

direction. Ce qu'il faut considérer, ce sont les organes chargés de maintenir la colonne droite; il faut examiner s'ils remplissent leur fonction. Les organes en question sont des muscles qui l'entourent et s'y insèrent; ils sont nombreux et leur mode d'attache compliqué; il ne rentre pas dans notre cadre de les décrire.

Ce que nous pouvons dire, c'est qu'ils se résument en deux

grands groupes : le premier situé en arrière ; le second en avant.
Quelques-uns s'attachent par une de leurs extrémités à un point
de la colonne vertébrale, par l'autre à un point du tronc, bassin,
épaule, etc. ; quelques-uns aussi, point remarquable, s'attachent par
leurs deux extrémités à la colonne vertébrale.

On appelle *extenseurs* les muscles postérieurs ; *fléchisseurs* les
antérieurs. Ces noms ne sont exacts que jusqu'à un certain point.
Un muscle qui agit, qui se contracte, rapproche ses deux extrémités, et par conséquent les points osseux où elles se fixent. Considérons l'action d'un muscle vertébral postérieur, muscle dit *extenseur* : se contractant quand la colonne est droite, il la fléchit en
arrière. Lorsque la colonne est ainsi fléchie en arrière, les muscles
dits *fléchisseurs* étendent cette colonne par leur contraction.

Pour comprendre l'action des muscles vertébraux, il vaut
mieux les envisager comme un système : *le système redresseur*.
Ils se fixent par de nombreuses digitations aux apophyses des vertèbres, constituant tout alentour un moyen de fixité analogue à
celui des haubans qui soutiennent les mâts d'un navire. Quand
l'un d'eux se contracte énergiquement, il fait ployer vers lui la
colonne, comme il arriverait au mât si l'on tendait un cordage plus
que les autres. Si l'un des muscles se relâche, l'action de ceux qui
lui sont opposés prédomine et attire vers eux les vertèbres.

Il s'ensuit que pour mettre la colonne en ligne droite il faut et
il suffit que le système redresseur soit bien équilibré, qu'aucun de
ses faisceaux ne l'emporte en force ou en faiblesse sur ceux qui lui
font opposition.

Il n'y a, en effet, qu'au moment où nous faisons un mouvement
volontaire pour nous courber et nous redresser, qu'un des faisceaux doit l'emporter. Mais, lorsque nous nous tenons debout, il
existe un travail latent de tous les muscles, siège d'une légère
contraction tonique qui suffit à maintenir l'équilibre en ligne
droite.

Cette contraction tonique inconsciente est donnée par chaque
muscle proportionnellement à sa puissance, son volume, sa vitalité. A la naissance, cette puissance, ce volume, sont réglés de
façon que le résultat de la contraction tonique du système redresseur soit l'attitude rectiligne de la colonne vertébrale. Mais plus
tard, par suite de mauvaises habitudes, nous laissons s'atrophier
certains faisceaux, nous en développons d'autres, et le résultat est
la *déviation vertébrale*, parce que, nécessairement, la contraction
tonique de certains faisceaux l'emporte sur celle de leurs antagonistes. Tout muscle qui ne fonctionne pas s'atrophie ; or, il est
remarquable comme les muscles dorsaux sont négligés dans les
conditions de la vie moderne ; si les bras et les pectoraux sont parfois travaillés par la gymnastique, si les jambes bénéficient de la
marche et de la pratique de certains sports, les muscles du dos sont
soumis à l'inactivité presque absolue. Le résultat est qu'ils deviennent incapables de soutenir par leur contraction tonique la colonne
vertébrale à leur niveau, et voilà la *courbure dorsale* constituée.
Au niveau des lombes, au contraire, les muscles postérieurs, naturellement puissants, sont soumis à d'assez grands efforts ; le résultat est qu'ils entraînent par la force de leur contraction tonique
la colonne lombaire en arrière ; la *lordose* est constituée On comprend que c'est par un procédé analogue que la colonne vertébrale

d'un enfant se tord en S lorsqu'on laisse s'atrophier, faute d'exercice, les muscles latéraux de sa colonne ; dans les cas de *scoliose*, il
y a toujours, d'ailleurs, insuffisance musculaire généralisée.

Quelle sera la conclusion pratique de ce long exposé que nous
avons tenté de faire aussi clair que possible ?

Rappelons-nous que, con-
naissant les causes des maladies, on en trouve aisément
les remèdes et disons : il suffit de développer et d'entraîner harmonieusement le système redresseur de la colonne
pour lui assurer la rectitude,
c'est-à-dire qu'il faut donner
à chaque muscle le volume et
la puissance qui lui sont nécessaires pour produire sa
contraction tonique normale.

En réalisant ce dévelop-
pement harmonieux du sys-
tème on pourra :

1° *Grandir* de 1 à 3 centimètres en assurant un travail
normal aux disques intervertébraux qui, au lieu de s'an-
kyloser, prendront de la vitalité et augmenteront d'épaisseur ;

2° *Grandir* de 3 à 10 centimètres par redressement
complet des courbures vertébrales ;

3° *Guérir* complètement
toutes les déviations pathologiques : *cyphoses, lordoses,
scolioses*, lorsque les os ne
sont pas définitivement sou-
dés en position vicieuse.

4° Grandir de un ou deux
centimètres par assouplissement des articulations de la
hanche, du genou et de la
cheville.

J'avais été amené à espé-
rer ces résultats après mes
nombreux travaux et mes observations sur le développe-

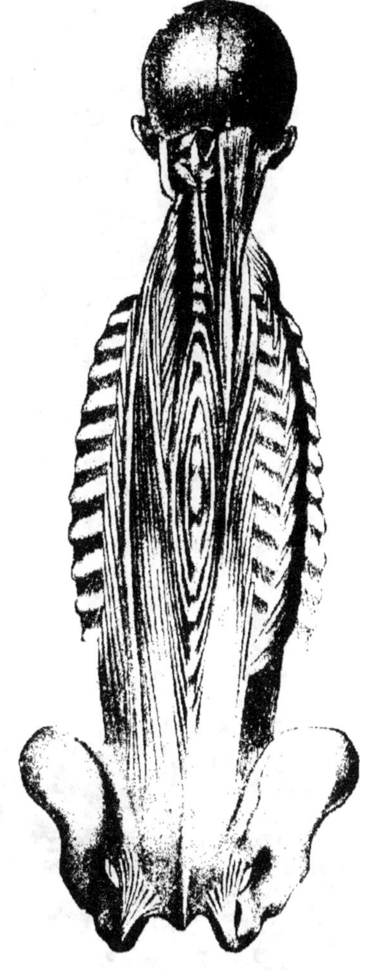

Muscles vertébraux (couche profonde).

ment musculaire. Depuis longtemps, on soutenait à mes écoles
qu' « un corps harmonieusement musclé est indéformable ».

Mais, jusqu'ici, il m'avait semblé nécessaire de développer,
pour ainsi dire pièce par pièce, toute la musculature du corps. Les
résultats obtenus ont été brillants, mais demandaient, pour acquérir cette perfection, un assez long temps. C'est que peu de femmes
et d'hommes sont harmonieusement musclés et, chez tous, certai-

De parfaits modèles de beauté plastique

nes portions l'emportent beaucoup sur les autres; aussi fallait-il surveiller de très près l'entraînement des élèves pour qu'ils ne fussent pas tentés de travailler trop leurs fortes parties, ou également tous leurs muscles, ce qui aurait abouti à perpétuer le déséquilibre du *système redresseur* et même à l'augmenter.

Mon invention du *grandisseur* non seulement remédia aux inconvénients de la première méthode, mais même la dépassa en résultats.

Une gymnaste accomplie

Il a été inventé pour réaliser l'entraînement et le développement parfaits du *système redresseur*, de telle façon que la contraction tonique de tous ses éléments assure la rectitude de la colonne vertébrale. Il dose obligatoirement le travail de chaque muscle *proportionnellement à la force qu'il devra fournir dans l'attitude droite*.

On n'a donc plus à surveiller les résultats du développement des muscles ; le but se trouve atteint, pour ainsi dire automatiquement.

Un des grands avantages du *grandisseur* est encore de produire le soulagement et la légère distension des disques intervertébraux. Aucun de ceux-ci, au cours des exercices, ne reste immobile ; aussi l'augmentation de taille acquise de ce chef est-elle remarquable.

Étant de petite

Modèle de femme bien musclée

Type de beauté svelte et élancée

taille, 1 m. 60, j'avais cherché longtemps un moyen d'augmenter ma hauteur, et après de nombreux tâtonnements je trouvai enfin la solution tant cherchée ; mais j'avais, à l'époque, quarante ans, et je n'espérais plus de résultat, quand, ô surprise ! je m'aperçus sous la toise du gain de 1 centimètre ; j'y mis de l'acharnement et bientôt j'arrivai à 1 m. 65 ; je continuai et au bout de trois mois d'exercices j'arrivai à 1 m. 67. J'étais au but, et bientôt je pus me convaincre, par les mines des amis Maspoli, Ebel, Plateaux, Sée, etc., qui ne m'avaient pas vu depuis quelques mois, que j'avais enfin obtenu un résultat palpable.

Expliquons comment ces résultats sont obtenus.

Considérons d'abord l'appareil.

Il se compose :

1° D'une courroie formant ceinture ;

2° De deux bretelles fixées en avant et en arrière de cette ceinture et pouvant s'ajuster à la taille du sujet ;

3° De deux étriers fixés aux pieds et munis sur le côté extérieur de deux petites poulies ;

4° De deux cordons de caoutchouc munis, à l'une de leurs extrémités, d'une poignée que le sujet tient en main, à l'autre d'un mousqueton qui se fixe à

ESTERINA PISSIUTI
l'écuyère aux formes impeccables

un anneau de la ceinture. Ces cordons passent dans les poulies des étriers.

L'appareil est très facile à ajuster.

Le sujet, ainsi équipé, exécute une série de mouvements, dont la direction générale sera toujours parallèle à l'axe de la colonne vertébrale (1). Tous ces mouvements concourent à assurer, dans diverses posi-

1) Ces mouvements se trouvent tous décrits et figurés dans la brochure-tableau qui accompagne chaque appareil.

Mlle LOBSTEIN, danseuse étoile

tions, un maximum d'allongement et de rectitude au rachis ; mais ils ne peuvent s'exécuter que si le *système redresseur* s'est astreint à vaincre une certaine résistance supplémentaire, résistance qui lui est opposée par les cordons de caoutchouc et qui atteint précisément son maximum dans les positions d'allongement extrême. Les divers éléments du *système redresseur* ont à vaincre cette résistance proportionnellement à l'importance de leur rôle dans le redressement normal ; il s'ensuit que l'entraînement qu'ils subissent, le développement qu'ils acquièrent par la répétition de ces exercices leur assurent une puissance plus que suffisante pour maintenir la colonne vertébrale droite dans les conditions habituelles de la vie.

Evidemment, ces conditions théoriques n'auraient pas grande valeur si elles n'étaient pas vérifiées par la pratique. Mais précisément, pour le *grandisseur*, la pratique confirme largement ce que la théorie donnait à espérer. Les résultats sont rapidement obtenus et très faciles à contrôler, puisqu'il suffit de se mesurer sous la toise. D'ailleurs, pour être convaincu, après avoir exécuté une seule fois, avec l'appareil, toute la série des exercices prescrits, on éprouvera très nettement une sensation d'allongement qui correspond à la réalité : certes, aux premières séances, cette augmentation de taille ne persiste pas, mais on comprend sans peine que la répétition des exercices arrive à la rendre définitive par l'entraînement et le développement des muscles redresseurs de la colonne vertébrale.

Les hommes, les dames et les enfants peuvent se servir du même *grandisseur* qui se règle à volonté par le moyen de bretelles et de sangles ajustables à toutes les tailles.

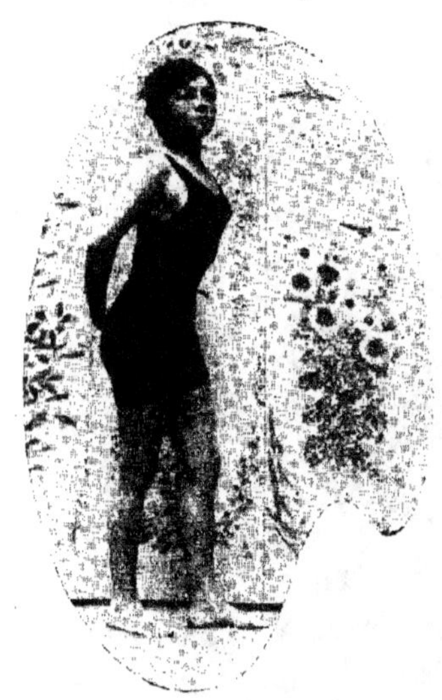

Mlle FERNANDE DE LEENHER, âgée de 16 ans. A remarquer le beau développement du thorax

Mlle MARGUERITE DESBONNET à 15 ans. à remarquer le développement du thorax et l'amincissement de la taille.

Une Preuve Irréfutable

Ce que l'inventeur du GRANDISSEUR a obtenu, vous pouvez tous l'obtenir

Rien n'est aussi probant, aussi définitif dans sa brutalité qu'un document photographique. Il frappe, s'impose et ne se discute pas. Aussi j'ai eu recours à l'objectif pour venir confirmer les preuves que j'avance sur l'augmentation de ma propre taille, grâce à mon *Grandisseur*. Je possédais dans mes photographies de famille un cliché me représentant entre mes deux frères, Léon et Louis ; j'avais alors trente ans passés et je ne comptais plus sur dame Nature pour surélever ma taille ; je voulais cependant grandir, atteindre au moins la taille de mes frères, qui, comme on le voit, étaient manifestement plus grands que moi. Mes 118 de poitrine et mes 40 de bras ne me suffisaient pas, et j'étais d'avis que mon titre de Professeur de Culture Physique m'imposait l'obligation d'une taille plus haute. Je cherchais et j'ai trouvé.

Après maintes réflexions et maintes

L'inventeur du *Grandisseur*
au milieu de ses frères avant l'invention du *Grandisseur*

L'inventeur après l'emploi du *Grandisseur*

tentatives j'imaginai et réalisai mon appareil *Grandisseur* ; je travaillai avec patience et au bout de trois mois j'avais obtenu le nombre de centimètres qui me manquaient.

Que de fois ne m'a-t-on pas demandé si vraiment ce résultat était palpable, certain, visible !

Or, dernièrement je me trouvai réuni à mes deux frères. L'idée me vint de poser à nouveau avec eux devant un photographe, dans la même position que sur le cliché dont je parlai tout à l'heure.

Et voici cette autre épreuve. Elle est convaincante. Même en tenant compte de ce fait, que mes frères se sont un peu affaissés avec l'âge, on voit nettement que, grâce aux sept centimètres obtenus par l'emploi de mon appareil — et à quarante ans — je les dépasse nettement de la tête et des épaules. Et cela, ce sont des preuves.

Quand faut-il se servir
du Grandisseur ?

On se sert du *Grandisseur* le matin au saut du lit, dans son cabinet de toilette ou dans sa chambre, après l'avoir aérée.

Pendant la nuit, le corps s'est allongé, la colonne vertébrale s'étant trouvée dans la position horizontale, qui est une des positions les plus favorables pour le soulagement des disques intervertébraux. Les vertèbres, cessant pendant six à huit heures de faire pression sur les disques intervertébraux, ont permis à ceux-ci de revenir à leur volume. On est donc plus grand au lever qu'au coucher ; il faut profiter de cet état pour faire travailler les extenseurs avant que les fléchisseurs aient remis tout en place ou que le poids des vertèbres et des muscles ait tassé les disques intervertébraux et conséquemment diminué la taille.

De plus, l'entraînement qui pourrait être remis dans la journée pour une raison ou une autre, une fois accompli, ne sera plus à faire. Au bout de quelques jours l'habitude sera venue d'exécuter des exercices pour les muscles extenseurs qui ne travaillent jamais et on ne pourra plus se passer de ces exercices, surtout lorsqu'on aura constaté des progrès sensibles dans l'accroissement de la taille.

Le Bain et la Natation

La pratique du bain est une des plus bienfaisantes et des plus recommandables qui soient.

Froid, pendant les grandes chaleurs, le bain convient à tous : c'est le meilleur moyen et le plus simple que nous ayons à notre disposition pour enlever au corps son excès de calorique.

Tiède ou chaud, pendant l'hiver, un bain, tous les 8 ou 15 jours, est également excellent pour la santé. Il assouplit les muscles, délasse, et, dégageant les pores, assure le bon fonctionnement des glandes sudoripares et permet ainsi à la peau de remplir, de la façon la plus efficace, le rôle important qui lui est dévolu.

On ne saurait donc trop recommander le bain, dont l'emploi, froid ou chaud selon la saison, est absolument nécessaire à la santé. Au reste, on sait toute l'importance qu'avaient les bains dans la vie des anciens, Grecs et Romains, qui resteront toujours nos maîtres en matière de culture physique.

Toutefois, il en est du bain comme des meilleures choses : il faut en user et non en abuser. Lorsqu'ils sont trop fréquents ou trop prolongés, au lieu d'assouplir et de dé-

Jeune et vigoureuse

lasser, ils affaiblissent et anémient. Nous n'en voulons pas donner d'autre preuve que l'impossibilité absolue où l'on se trouve, de faire un exercice quelconque de gymnastique après un bain froid prolongé, fût-il seulement de 15 minutes.

Dix minutes, telle est la durée qu'on ne devrait jamais dépasser. On peut toutefois remédier à l'engourdissement et à l'affaiblissement passagers produits par le bain prolongé, au moyen de la friction qui, par la réaction violente qu'elle provoque, rétablit la circulation normale du sang. C'est même là, disons-le en passant, un des cas où l'emploi de la friction est le plus justifié.

Nous ne voulons pas clore ces courtes observations sur le bain, sans dire quelques mots de la natation. Mais nous n'en dirons que quelques mots, estimant en effet que l'utilité, voire même la nécessité de savoir nager, est un sujet qui a été assez souvent traité pour qu'il soit inutile d'y insister.

Tout le monde doit savoir nager. On devrait apprendre à l'enfant à nager, comme on lui apprend à marcher et à courir. Nous ne sommes pas faits pour vivre dans l'eau, direz-vous. Sans doute. Mais nous avons tant d'occasions de nous y trouver, bon gré ou mal gré. Et puis, nous ne sommes pas faits davantage, que je sache, pour voler : or, s'il était aussi facile de voler que de nager, croyez-vous qu'il y aurait une seule personne au monde pour hésiter à le faire ?

D'ailleurs, il n'est pas seulement intéressant pour nous de savoir nager au point de vue de notre sécurité personnelle ou de celle d'autrui, mais la natation est surtout intéressante comme exercice, et c'est là le point de vue qui nous occupe. Elle est en effet un des meilleurs exercices, en même temps qu'un des

La force n'exclut pas la grâce

sports les plus complets qui soient. C'est pourquoi nous ne saurions trop la recommander, et c'est pourquoi aussi nous nous étonnons qu'à notre époque l'enseignement de la natation tienne si peu de place dans l'éducation de la jeunesse. A nos yeux, il est vraiment indigne d'un homme ou d'une femme de ne pas savoir nager.

Non seulement la natation s'apprend facilement, comme toute fonction naturelle, mais elle constitue le seul exercice mettant en jeu les muscles de la colonne

La nageuse MYRMA

vertébrale; il n'est pas de meilleure position que celle de suspension dans l'eau pour faire bien à fond les mouvements d'élongation, tant recommandés pour conserver une bonne attitude et qui ne sont autres que les mouvements natatoires. Plus on s'étend, plus on lance vigoureusement mains en avant et pieds en arrière, mieux on fera travailler le système musculaire vertébral et mieux aussi on nagera.

Toute femme gagnera à pratiquer ce sport un développement aussi complet qu'harmonieux.

La nageuse MYRMA

Comment prendre la douche froide

« La reconnaissance immédiate est la vertu du corps à qui l'on donne sa pâture journalière : la culture physique et l'eau froide. »

« MULLER. »

Transpiration naturelle et transpiration artificielle.

Parlant de la douche froide, le docteur Pagès a écrit :

Les muscles des jambes des danseuses sont remarquables

« Ce fouettage du sang est trop vif pour les personnes impressionnables comme le sont la grande majorité des Françaises : on substitue peu à peu l'eau modérément froide à l'eau très froide, quand on ne va pas jusqu'à l'eau tiède ; on ne prend plus de tub l'hiver, quand on ne le réserve pas pour les grandes chaleurs seulement. Les plus sensibles disent que si, pour bien se porter, il faut se soumettre à une pratique aussi ennuyeuse et aussi pénible, il vaut mieux être malade, et les autres demandent, pour arriver à la santé, un chemin moins rude : je suis de ceux-là.

« Je reproche, du reste, au tub quotidien : premièrement, de déterminer une réaction de moins en moins vive, le corps s'y habitue ; secondement, d'enlever la graisse cutanée de formation récente dont le rôle protecteur ne saurait être mis en doute. Qu'un individu obèse, rhumatisant ou goutteux, dont les sécrétions cutanées sont abondantes, très altérables si elles ne sont altérées au moment de leur production, se débarrasse le plus souvent possible de ces dé-

chets, rien de mieux ; mais qu'un individu sain et de corpulence
ordinaire enlève ainsi tous les jours la graisse cutanée, c'est ce que
je ne saurais admettre.

« A plus forte raison en est-il de même d'un individu fragile.
Au refroidissement interne et brusque qui agit comme un coup de
fouet, il doit préférer
un refroidissement
plus faible et plus lent
tel que le donne l'en-
veloppement humide
avec friction. »

Nous ne saurions
trop approuver ces sa-
ges paroles du docteur
Pagès. Il en est, en
effet, de la douche
comme de toute chose,
comme des aliments,
par exemple : *elle ne
doit être prise que
lorsqu'on en a besoin.*

Lorsque vous sor-
tez de table bien repu,
un morceau de pain
sec et un verre de vin
ne vous disent rien et
si l'on vous forçait à
manger l'un et boire
l'autre, vous feriez la
grimace. C'est que
n'ayant pas faim ni
soif, votre organisme
ne les réclame nulle-
ment.

Si, au contraire,
on vous présentait le
même morceau de
pain sec avec un coup
de gros vin après
douze heures de jeûne
forcé et de marche en
montagne sans ren-
contrer la moindre ca-
bane où vous puissiez
vous restaurer, votre
estomac trouverait dé-
licieux ce pain et vo-
tre palais apprécierait

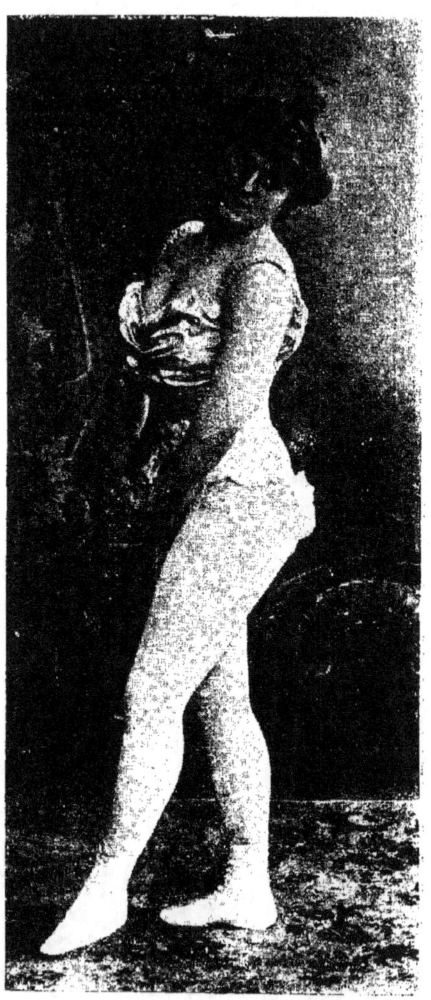

La force et la beauté réunies

ce gros vin épais, comme je le fis un jour à Monaco en compagnie de
mon ami le professeur Gaston Crupenninck, l'auteur de la méthode
de boxe physiologique.

Venus à Monaco pour faire de la montagne, nous partimes un
beau matin pour faire l'ascension du mont Agel, rocher qui sur-
plombe Monte-Carlo. Confiants en la valeur de nos muscles, nous

partîmes avec nos sacs d'alpinistes chargés d'effets de rechange, de nos appareils photographiques et de nos jumelles marines. Nous étions certains de trouver sur notre route quelque auberge où nous pourrions réparer nos forces. Nous grimpâmes à la Turbie et là nous prîmes quelques photographies, sans nous restaurer, comme nous en avions l'intention d'abord, Crupenninck ayant assuré qu'à moitié chemin, sur le bord de la route du fort du mont Agel, nous trouverions une cantine où nous casserions la croûte. Nous voilà partis et, délaissant la grande route, nous escaladâmes les rochers par besoin d'efforts physiques et pour savoir si, malgré nos quarante ans sonnés, notre jeunesse était toujours là.

Tout à l'admiration du beau panorama qui s'offrait à nos yeux, nous prîmes force photographies et courant d'une roche à l'autre nous finîmes par nous égarer, si bien que, quand nos estomacs crièrent famine, nous ne trouvâmes plus la cantine sur laquelle ils comptaient.

Après six heures de marche, nous arrivâmes affamés en vue du fort du mont Agel, gardé par des sentinelles vigilantes qui, nous prenant pour des espions, nous conduisirent vers le lieutenant de garde.

Après avoir fait passer nos cartes, nous

Une sportswoman suédoise, forte, gracieuse et belle

expliquâmes au lieutenant notre embarras et notre besoin d'aliments. Très aimablement il nous fit chercher par un homme de garde un morceau de pain sec, un litre de gros vin bleu et nous fîmes, là, assis sur le rebord du talus, le meilleur repas de notre vie.

Mais revenons à la douche froide : comme le pain dur et le gros vin, elle convient à tout le monde, à condition d'être prise au moment voulu, c'est-à-dire quand notre organisme la réclame. Encore faut-il, cependant, pour qu'elle ait tous les bienfaisants effets voulus, qu'elle soit appliquée dans certaines conditions. Ce sont ces conditions que nous voulons essayer d'établir.

Si la douche est prise sans exercices préalables, elle peut ne pas être salutaire, elle peut être même nuisible. Beaucoup de rhumatisants, d'arthritiques, de nerveux, de neurasthéniques se trouveraient très mal de la douche prise ainsi. Seuls quelques tempéraments spéciaux peuvent la supporter, sans faire d'exercices auparavant. Mais le plus grand nombre ne peuvent la supporter, surtout les nerveux, les arthritiques et les femmes. J'en ai vu tomber en pâmoison pendant une douche froide donnée sans ménagement par des gens n'ayant pas étudié le tempérament de la personne douchée.

Voici la façon de donner une douche qui soit supportable pour tous :

La première condition indispensable c'est de mettre la personne en *transpiration naturelle* (je dis *naturelle* et non *artificielle*), qui ne s'obtient que par des exercices physiques pour élever la température du corps et amener une sudation si légère fût-elle.

Si le sujet est jeune et en bonne santé, sans tares physiologiques, les exercices peuvent être menés vigoureusement à cadence rapide et, en quelques minutes, il obtient une transpiration bienfaisante.

Femme développée, avec un remarquable respect des proportions, par la gymnastique

Si le sujet est assez âgé ou si le cœur est faible, les mouvements seront moins rapides, mais la sudation sera facilitée par l'adjonction d'un gros chandail en laine, bien collant, posé à même la peau.

Lorsque la transpiration est obtenue, on déshabille le sujet rapidement, on le met à distance et on le douche avec le jet sur les jambes, face postérieure et face antérieure, en lui recommandant de respirer fortement et à fond pour éviter la suffocation. Si le sujet se trouve bien, on dirige le jet sur les cuisses, en le faisant tourner et en surveillant sa respiration. Dès que le professeur doucheur aperçoit une émotion trop violente chez le sujet, il arrête aussitôt, lui jette un peignoir sur le corps et l'essuie vigoureusement en terminant par une légère friction au gant de crin et avec la lotion fortifiante.

Femme pratiquant les sports de force

Le sujet, s'apercevant du peu d'émotion que lui procure la douche prise de cette façon, prend confiance et, à la deuxième séance, on peut diriger la lance sur les jambes, sur les fesses ensuite, pour terminer par un jet sur la colonne vertébrale en remontant jusqu'à la nuque, jet de trois secondes au plus. Petit à petit le sujet s'entraîne, améliore son tempérament par la pratique des exercices physiques, combat sa nervosité par l'eau froide et bientôt le jet peut être dirigé sur le ventre, en commençant sur le côté droit de l'abdomen, dans le bas du ventre, pour remonter le long du côlon ascendant et suivre ensuite le côlon transversal et le côlon descendant, jusqu'à la partie inférieure du côté gauche.

Cette façon de doucher a pour effet de réveiller les fonctions de l'intestin et de vider l'S iliaque où s'emmagasinent les résidus de la digestion qui empoisonnent l'organisme et sont souvent la cause ignorée des maladies nerveuses, comme la neurasthénie.

Pour un sujet ainsi préparé, la douche en pluie peut être donnée ensuite sans inconvénient et le sujet est arrivé à ce résultat sans aucune appréhension et sans mal.

Nous avons fait tout à l'heure une distinction entre la transpiration naturelle et la sudation artificielle.

Quelques explications vont en faire saisir toute l'importance.

En effet, la sudation naturelle obtenue par l'exercice physique

augmente la température du corps et la maintient dans les muscles, longtemps après la cessation de l'exercice, d'où réaction active pendant et après la douche et aucune crainte de refroidissement. Elle est donc, de tous points, bienfaisante.

Au contraire, la sudation artificielle, obtenue par les bains de
vapeur, est beaucoup moins profitable, car elle n'améliore pas le tempérament du sujet et ne met pas celui-ci à l'abri des refroidissements, la chaleur du corps ne se conservant pas longtemps, par suite de l'inaction du sujet. De plus, l'air surchauffé et humide des bains de vapeur, ainsi que les miasmes humains en suspens dans l'atmosphère des salles de sudation, ne valent rien aux faibles de constitution et aux surmenés cérébraux. Ces miasmes sont d'autant plus toxiques qu'ils proviennent généralement d'oisifs, empoisonnés par le manque de transpiration.

Le bien momentané qu'on peut éprouver d'une sudation artificielle est donc tout à fait factice, et au surplus les conséquences possibles de ces bains, pris en commun avec toutes sortes de malades, font qu'on ne saurait sagement les conseiller. Le bain de vapeur ne vaut pas d'ailleurs le bain d'air chaud, surtout celui qu'on peut

Cette musculature vigoureuse est
remarquablement belle

prendre chez soi et qui, dans ces conditions, est tout à fait recom-
mandable.

Nous en parlons d'ailleurs au chapitre de *la beauté de la peau.*

De la Friction. -- Du Massage

Celles qui connaîtront le chemin de l'E-
cole de culture physique ignoreront les
maladies et les médicaments.

Comme toutes les choses excellentes en soi, et toujours en vertu
de l'éternelle vérité : « L'excès en tout est un défaut », la friction
gagne à être employée modérément. C'est une profonde erreur de
croire qu'une friction chaque jour soit profitable à tous. Elle est
donc encore bien moins indispensable. Et pourtant, combien en

La souplesse et l'agilité de cette équilibriste n'ont d'égales
que la finesse et l'élégance de ses formes

est-il encore qui se figurent qu'un exercice, s'il n'est suivi d'une
friction, reste sans effet!

La vérité, c'est que la friction doit être surtout employée par
les femmes ou les hommes mûrs et les vieillards.

Le Dr Pagès a écrit :

« Si les frictions donnent de la vigueur à la peau, immédiatement elles enlèvent, partiellement, le sébum, facilitent la reprise
de la graisse sous-cutanée et même celle du derme, qu'elles amin-
cissent à la longue; chez l'homme comme chez les animaux, elles

affinent, en somme, excessivement; c'est bon pour des arthritiques, mais c'est mauvais pour les individus sains qui doivent acquérir ou conserver une certaine rusticité. »

Nous sommes, sur ce point, entièrement de l'avis du Dr Pagès.
La friction n'a de réelle importance que sur les femmes ou sur les
hommes mûrs et surtout sur les vieillards, lorsque les exercices
physiques ne sont plus aussi énergiques.

Mais pour les jeunes gens ou les jeunes filles qui font des exercices violents, ils peuvent parfaitement se passer de la friction, ou
du moins n'en user qu'à des intervalles assez éloignés. Une friction par semaine suffit, et le sujet en éprouve alors un réel plaisir,
signe évident qu'elle est efficace. Si on la prend, au contraire, tous
les jours, le corps peu à peu s'y habitue : elle perd donc tout son
effet et l'impression de bien-être disparaît.

La divine MYRNA, nageuse américaine

Donc la friction doit se donner une fois ou deux par semaine
au plus, selon que le sujet est plus ou moins jeune, et les exercices
pratiqués, plus ou moins énergiques. Il convient, d'autre part, de
la prendre une fois avec le gant de crin imbibé d'eau de Cologne,
et la seconde fois avec un chiffon de laine imbibé d'une lotion fortifiante, du genre de celle préparée par le Dr Rouhet, qui nous paraît, de par l'usage que nous en avons fait nous-même, réunir
toutes les conditions exigées d'une lotion fortifiant la peau.

Le massage est excellent pour enlever la courbature ou tout
au moins pour faire disparaître les effets d'une grande fatigue

musculaire, telle que celle qui résulte de l'ascension d'une haute montagne, d'une marche de 8 à 12 heures ou encore d'une randonnée de 100 ou 200 kilomètres à bicyclette.

Mais lorsqu'il n'y a pas eu grande dépense de force musculaire, le massage n'est pas indispensable pour les gens très bien portants. C'est d'ailleurs un procédé qui ressort plutôt de la science médicale que de la culture physique.

Les effets physiologiques du massage sont les suivants : la circulation est activée ; le sang veineux, la lymphe, les liquides extravasés, les déchets organiques, liquides ou solides, accumulés dans les tissus, sont chassés et pénètrent plus rapidement dans la circulation de retour. Il vide les vaisseaux et permet à un sang nouveau

(Cliché Waléry)

Les trois belles ATHLÉTA

de les remplir. En outre, par action réflexe, il agit sur les nerfs vaso-dilatateurs et augmente les battements cardiaques.

Mais tous ces effets ce sont précisément ceux que l'on obtient, et d'une façon beaucoup plus puissante encore, par l'exercice physique raisonné. Le massage est donc d'une utilité contestable, du moins pour les jeunes filles et pour les jeunes gens vigoureux et sains, pratiquant des exercices physiques.

Il en est tout autrement pour les personnes qui ne prennent pas assez d'exercices, les malades et surtout les vieillards qui ont dû abandonner les exercices physiques ou qui, du moins, ne peuvent plus pratiquer que des exercices bénins, insuffisants pour provoquer le réveil des fibres musculaires et leur faire accomplir normalement

leurs fonctions. Le massage est alors le procédé le meilleur auquel
on doive avoir recours. Il convient, en effet, pour activer les fonctions digestives, soit pour remédier à la constipation par le massage
intestinal, soit pour calmer les douleurs stomacales et réduire les
dilatations d'estomac.

Un gracieux duo

Il faut donc laisser le massage aux mala-
des. Quant aux personnes bien portantes qui en usent, dans l'es-
poir qu'il rem-
place pour elles l'exercice physique, laissez-moi en rire, en attendant qu'elles en pleurent. *L'exercice physique ne se remplace pas.*
Le massage peut être, dans certains cas, un ex-
cellent adjuvant de l'exercice, mais il n'est pas l'exercice : c'est tout à fait comme si l'on pré-
tendait rempla-
cer un dîner substantiel par la simple rin-
cette qui le ter-
mine.

Maintenant, il est évident que nous laissons au massage toutes ses vertus, dès qu'il s'agit de certaines maladies graves, ou à la suite d'opéra-
tions ou de fractures. Mais, dans ces cas, il importe que le massage
soit fait par quelqu'un d'expérimenté.

Nous ne parlerons du massage ordinaire que dans les cas où il
est réellement bienfaisant pour la femme et qui sont les suivants :

1° Le massage du visage ;

2° Le massage contre l'obésité ;

3° Le massage dans le traitement des organes digestifs ;

4° Le massage sous l'eau.

Massage du visage

Le massage a autant d'influence sur la peau et sur les muscles de la face que sur toute autre partie du corps, et les résultats en sont très heureux.

On peut dans le visage, comme dans n'importe quelle partie du corps, développer ou diminuer un muscle, faire disparaître un amas graisseux, redonner ou enlever de la chair, activer la circulation, et redonner de la fraîcheur et de la jeunesse aux tissus.

Rien ne peut remplacer un teint frais et naturel : c'est pourquoi le massage du visage est si supérieur aux fards, poudres et teintures.

Les rides disparaissent rapidement, surtout si elles sont causées par l'emploi des fards ou par un trouble de nutrition des tissus.

Le massage du visage revivifie et reconstitue les tissus altérés et relâchés et leur restitue leur fermeté.

Le Massage contre l'obésité

Dans la lutte contre l'obésité, le massage et les exercices de culture physique spéciaux sont de la plus grande valeur. Les résultats sont surtout remarquables chez les femmes.

Des exercices, des frictions énergiques, le pétrissage des membres et de l'abdomen diminuent l'obésité et entravent son développement.

Le Massage dans le traitement des maladies des organes digestifs

La dilatation de l'estomac est généralement causée par la faiblesse du tissu musculaire de cet organe et par un rétrécissement du pylore.

Le massage de l'estomac et de l'abdomen augmente et anime les contractions des muscles de l'estomac et provoque, par conséquent, un afflux plus grand de sang vers cet organe, ce qui facilite la nutrition des tissus. Les muscles de l'estomac sont tonifiés, la dilatation diminue, puisqu'elle est due à la faiblesse des tissus musculaires. Le massage produit également une sécrétion plus abondante du suc gastrique. Il produit aussi un effet mécanique en ce que les résidus alimentaires, ne pouvant plus être expulsés par la propre action des muscles trop faibles, et à cause du rétrécissement du pylore, sont par la pression de la main poussés mécaniquement dans cet orifice.

Sous l'influence du massage, le pylore s'élargira aussi et en même temps la dilatation de l'estomac diminuera.

Le massage modifie favorablement le travail de la digestion, il excite les nerfs gastriques et exerce une bonne influence sur les affections de l'estomac ; il fait facilement disparaître toute sensation pénible comme la pesanteur, les douleurs, etc. Le massage est également souverain dans le traitement de la constipation, grâce à l'augmentation des sécrétions des intestins, du foie et des reins.

Les matières fécales sont mécaniquement triturées et poussées vers le rectum.

Les exercices spéciaux de culture physique et le massage sont les seuls moyens de combattre victorieusement la constipation.

Massage sous l'eau

La sudation qui est indispensable est obtenue par le bain thermal pliant, de beaucoup préférable aux étuves, car le tronc et les membres sont seuls soumis à l'action du calorique, la tête restant libre et la malade respirant de l'air frais.

C'est le procédé que nous avons adopté dans nos écoles, à l'exclusion des étuves, des bains de vapeur où la patiente respire les odeurs et les miasmes des autres personnes, malades ou non.

Contrairement aux autres systèmes, le sang est attiré aux extrémités inférieures et la sudation complète peut être obtenue en huit ou dix minutes. Aussitôt après le bain d'air chaud, la douche, le tapotage, la friction ou le massage sous l'eau ont lieu selon la méthode à appliquer.

Un bain d'air sec surchauffé pour ouvrir les pores de la peau, amener une sudation rapide et hâter la disparition de l'embonpoint.

La Culture Physique faciale

ou Rajeunissement de la Figure par la Myothérapie

Le Dr Wauquier, dans un article sur la beauté du visage, s'exprime ainsi sur la culture physique faciale :

« Une des applications les plus heureuses et les plus utiles pour la femme de la méthode du professeur Desbonnet fut sans contredit la série d'exercices de culture physique pour les muscles de la figure.

« Constatant les merveilleux résultats obtenus par le travail méthodique au point de vue de la tonicité des muscles du corps, les membres reprenant leur vigueur première, la peau relâchée se tendant de nouveau sur les muscles rajeunis, le professeur Desbonnet eut l'idée d'essayer pour la figure ce qui lui réussissait si bien pour le corps. Par des exercices spéciaux combinés avec le massage simple et le massage vibratoire, il arriva à redonner rapidement du ton aux visages les plus relâchés et à effacer les rides les plus profondes, en un mot à rendre aux visages fatigués l'éclat et la beauté de la jeunesse. »

Ce nouveau traitement qui semble paradoxal, à première vue, n'est pas plus difficile à mettre en pratique que les inventions nouvelles qui chaque jour font passer dans le domaine de la réalité les utopies de la veille.

Grâce à la culture physique faciale, nous n'aurons plus sous les yeux que des visages jeunes et charmants et les dames qui vieilliront ou qui voudront rester vieilles seront sans excuse, puisque nous leur indiquons les moyens de rester jeunes éternellement.

En quelques séances de culture faciale les plus incrédules seront convaincues.

Dès l'antiquité la plus reculée les soins du visage furent en honneur chez la femme et des résultats indéniables furent obtenus par la pratique de certains procédés qui ont été retrouvés de nos jours. Nous avons même un grand avantage sur les anciens, c'est la connaissance approfondie du corps humain, du rôle bien déterminé des muscles et des nerfs; et ce fait nous permet de rejeter tous les moyens empiriques employés jusqu'à ce jour pour le rajeunissement de la figure. Aussi, à celles qui nous demandent : « Pouvez-vous me faire rajeunir? » nous pouvons répondre : « Oui ! » sans hésitation et leur prouver, en quelques séances de culture physique faciale, que nous avons trouvé le véritable élixir de jeunesse.

On a donné à cette science le nom de *myothérapie*, autrement dit *traitement du muscle*.

En effet, ce sont les muscles de la figure qui assurent, avec l'armature osseuse de la tête, la régularité des traits. Qu'un muscle vienne à se relâcher, il se produit immédiatement des boursouflures, bouffissures, creux, rides, selon les caprices de la pesanteur. Ce sera, par exemple, autour des yeux l'inélégante patte d'oie qui se dessinera, ou bien au bas de la figure un disgracieux double menton se montrera, et voilà la personne vieillie de dix ans. Mais si vous arrivez à retonifier ces muscles, à corriger leur relâchement, les traits se rectifieront, le visage réapparaîtra aussi jeune qu'auparavant. Voilà, n'est-il pas vrai, qui est beaucoup plus simple que les traitements abracadabrants employés habituellement? Certes; mais encore fallait-il le trouver.

Il est absolument certain qu'il est possible d'obtenir sur les muscles de la face les résultats bien connus obtenus par l'exercice physique sur les muscles du tronc et des membres.

Or puisqu'il est prouvé chaque jour que les contractions statiques et les contractions doubles réduisent les tours de taille les plus opulents; que par le travail des pectoraux on donne à la poitrine un maintien parfait et aux seins une absolue fermeté; que l'épiderme le plus distendu retrouve sa fraîcheur et sa vigueur par un simple travail des muscles peauciers, il n'est pas douteux non plus que le visage conservera sa jeunesse et sa régularité de traits par une simple gymnastique appropriée des muscles de la face.

TABLE DES MATIÈRES

Après la Cérémonie

Quelques réflexions entendues :

1'ʳᵉ *Commère*. — Regardez-moi cette minuscule mariée ! elle est ridicule à côté d'un homme aussi grand !

2ᵉ *Commère*. — Qu'est-ce qu'elle attend pour faire du GRANDISSEUR DESBONNET !

Le Marié (qui a entendu) — GRANDISSEUR DESBONNET ! c'est vrai, je n'y avais pas pensé ! Le voilà le moyen d'avoir femme à ma hauteur !

— A sa jeune épouse : chérie, nous irons demain *48, Faubourg Poissonnière*. Je veux vous offrir un inestimable cadeau.

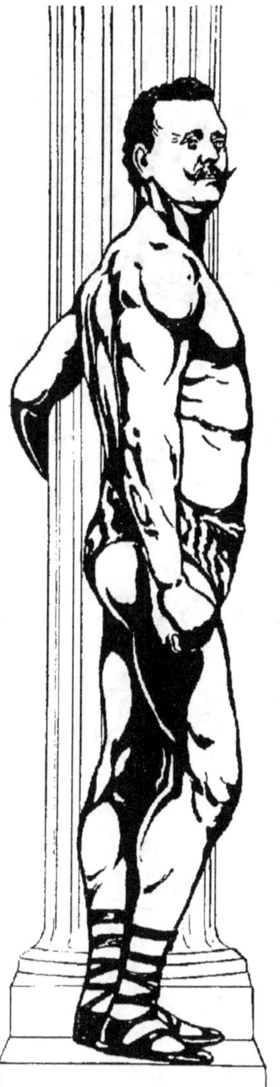

LES
Appareils à Ressorts
SANDOW

Les meilleurs Appareils du Monde pour la Culture physique,

Non seulement pour tous les genres de sportsmen mais encore pour toutes les personnes faibles ou atteintes de malaises résultant d'une vie sédentaire, comme la CONSTIPATION. les INSOMNIES, les MALADIES D'ESTOMAC, etc., etc. les HALTÈRES " SANDOW " donnent du SANG et de la FORCE VITALE, durcissent les NERFS et les MUSCLES et stimulent puissamment l'ÉNERGIE ; en un mot, *ILS RÉGÉNÈRENT L'INDIVIDU.*

RÉSULTATS MERVEILLEUX !　　　**MILLIERS D'ATTESTATIONS !**

ESSAI GRATUIT

PENDANT UNE SEMAINE POUR TOUS LES INTÉRESSÉS !

6 MOIS DE CRÉDIT　　　**3 FRANCS PAR MOIS**

Les appareils, présentés de la façon la plus plaisante sont livrés en métal nickelé avec poignées recouvertes de cuir aux prix suivants :

POUR MESSIEURS :

Avec 7 ressorts démontables, poids environ 3 kilos par paire, nickelé. Fr. **17.50**
— 5 — — — — — — émaillé. Fr. **12.50**

POUR DAMES ET JEUNES GENS :

Avec 5 ressorts démontables, poids environ 1 k. 700 par paire, nickelé. Fr. **14.50**

A chaque paire nous joignons une **Méthode complète** écrite par " EUGÈNE SANDOW " *indiquant tous les renseignements nécessaires pour la pratique des exercices,*

Sandow Dumb-Bell Cᵒ Rayon 25. S, Paris, 70, rue du Fg-Poissonnière
Les intéressés sont priés de joindre 0 fr. 85 pour frais de port; nous ne l'exigeons toutefois pas à la commande d'essai.

Une démonstration gratuite sera donnée, 48, Faubourg Poissonnière, à l'Ecole de Culture Physique à tout acheteur d'une paire d'HALTÈRES SANDOW.

OFFRE EXCEPTIONNELLE

X/11/11 **SANDOW DUMB-BELL Cᵒ RAYON 25. S**, Paris, 70. Rue du Faubourg-Poissonnière.

Veuillez m'envoyer par retour du courrier, à l'essai pendant 7 jours, un de vos Appareils à ressorts pour:

Messieurs au-dessus de 18 ans avec méthode . . **17.50** | Messieurs au-dessus de 18 ans avec méth., émaillé. **12.50**
Jeunes Gens jusqu'à 18 ans avec méthode . . **14.50** | Dame avec méthode à **14.50**

Il reste bien entendu que j'ai le droit de renvoyer les haltères après un usage d'une semaine à la « Sandow Dumb-Bell Cᵒ » sans que je sois engagé d'aucune façon. Je suis toutefois responsable de leur détérioration, volontaire ou malintentionnée. Si je garde l'appareil, je m'engage à l'expiration de la semaine d'essai à verser à la Compagnie un acompte de 3 fr. plus 0 fr. 85 de port à domicile ou régulièrement 3 fr. par mois jusqu'au payement intégral du prix ci-dessus.

ÉCRIRE LISIBLEMENT　　NOM ET PROFESSION
RAYER CE QUI EST INUTILE　　ADRESSE COMPLÈTE

NOTRE OFFRE N'EST VALABLE QUE POUR LA FRANCE CONTINENTALE

L'entraînement par Correspondance

est enseigné à tous, ⚔ ⚔
⚔ ⚔ ⚔ Hommes, Femmes
et Enfants, moyennant ⚔ ⚔
⚔ un *Mandat de Quinze francs*
envoyé au ⚔ ⚔ ⚔ ⚔ ⚔

Professeur DESBONNET

Fondateur des Ecoles de Culture Physique de Paris

Il suffit de répondre au questionnaire médical, et remplir la feuille anthropométrique qui vous seront envoyés et de donner les renseignements les plus détaillés sur votre état de santé et votre constitution.

Suivant votre cas, le professeur Desbonnet vous indiquera de quelle façon vous devez pratiquer la culture physique, et dirigera votre entraînement par correspondance. Puis, si vous le désirez, il vous guidera dans la pratique des sports qui vous plairont et vous fera, si telle est votre ambition, devenir un champion dans n'importe quel sport que vous choisirez.

C'est, *mise à la portée de tous*, la possibilité de *profiter des conseils du* **Professeur DESBONNET** et de *travailler sous sa direction.*

La partie médicale que comporte l'entraînement par correspondance est confiée en ce qui concerne les dames et jeunes filles à Mme la doctoresse GIRONCE ; les enfants et les hommes au docteur ROUHET.

Enseignement de la MÉTHODE DESBONNET par Correspondance

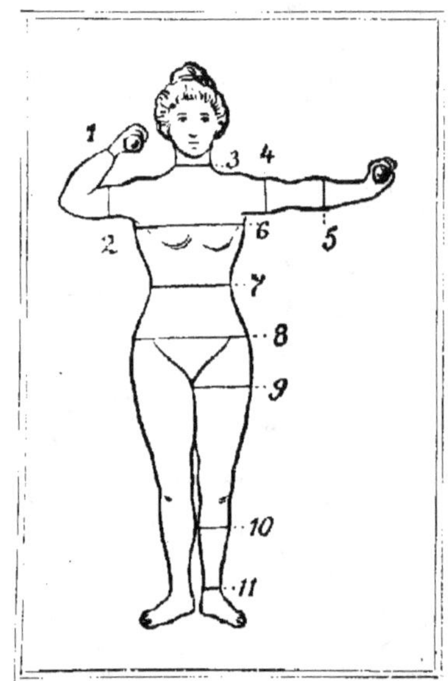

Nom de l'élève.....................
Adresse.....................
Age.....................
Profession.....................
Hauteur du corps.....................
Poids (nu).....................
Tour de poitrine à l'état d'expiration complète.....................
— — — d'aspiration complète.....................
Ceinture.....................
Bras droit.....................
— gauche.....................
Avant-bras droit.....................
— gauche.....................
Cou.....................
Cuisse droite.....................
— gauche.....................
Mollet droit.....................
— gauche.....................
(Pour les dames, les mensurations des membres inférieurs ne sont pas absolument nécessaires.)
Hanches.....................

Bulletin d'ENTRAINEMENT PERSONNEL par LETTRE CACHETÉE

Remplir ce bulletin et l'envoyer au professeur DESBONNET, 48, Faubourg Poissonnière, Paris

QUESTIONNAIRE MÉDICAL

A remplir par l'élève et à adresser à M. le docteur Georges ROUHET

directeur médical des Écoles de Culture Physique du professeur Desbonnet

48, Faubourg Poissonnière, Paris

Quel âge avez-vous ?

Quelle profession ?

Avez-vous eu des maladies ? lesquelles ?

Quelle médication avez-vous suivie ? laquelle ?

Vous essoufflez-vous au moindre effort ?

Avez-vous des palpitations, des battements de cœur après un travail quelconque ?

Avez-vous un bon appétit ? Digérez-vous bien ?

Avez-vous une bonne denture ?

Soignez-vous vos dents chaque jour ?

Pensez-vous à faire fonctionner votre peau et fonctionne-t-elle bien ?

Pensez-vous que vous respirez autant par le tégument externe que par les poumons et que si vous ne transpirez pas au moins une fois par semaine vous vous empoisonnez par l'accumulation dans le sang des déchets de l'organisme ?

Êtes-vous habituellement de bonne humeur ?

N'êtes-vous pas nerveux, agacé, emporté ?

Dormez-vous suffisamment et bien ?

Usez-vous du tabac et d'alcool ?

Vos urines ne contiennent-elles pas de sucre ou d'albumine ? (très important)

En un mot n'êtes-vous pas cardiaque, emphysémateux, porteur de hernies ?

Donnez quelques détails sur l'état de nutrition. Êtes-vous gras, maigre ou d'un embonpoint normal ?

Votre régime alimentaire est-il carné, végétarien ou mixte ?

Si c'est une femme :

A quel âge les époques ont-elles commencé ?

Sont-elles régulières ?

Avez-vous des enfants ? combien ?

Si c'est un enfant :

N'a-t-il pas de grosses amygdales ?

Ne ronfle-t-il pas en dormant ?

Prix des cours et consultations médicales

Cours simple et individuel — 3 mois : 15 francs

Cours complet. Le même qui se donne dans les Écoles de Culture Physique du *professeur Desbonnet*.

3 mois : prix 30 francs

Cours médical spécial, comprenant 1º *3 mois de cours complet* ; 2º une indication de régime ; 3º une consultation médicale et appliquée dans les cas suivants : maladies de cœur, albuminerie, emphysème, neurasthénie, obésité, rhumatisme, goutte, maladies d'estomac ou d'intestin, impuissance virile, hernie, syphilis, etc. Prix : **60** francs.

Tous les renseignements sont absolument confidentiels et sont expédiés sous enveloppe cachetée.

Les cours simples, les cours complets doivent être adressés au nom du **professeur Desbonnet**.

Le cours médical spécial doit être adressé au nom du docteur **Georges Rouhet**.

48, Faubourg Poissonnière. PARIS

TÉLÉPHONE : 125-03

CATALOGUE GÉNÉRAL

Des Appareils et Objets en Vente à la " SANTÉ PAR LES SPORTS "

		France		Étranger	
Dynamomètre de poche	Prix. 25 »	*franco* 26 »	27 »
Poignée à ressort " Pelmon " . *La paire*	— 5 »	— 5.50	6.50
Bain thermal pliant XXᵉ Siècle, nº 1 extra	— 70 »	— 72.50	75 »
nº 2 confortable.	— 50 »	— 52.50	55 »
nº 3 populaire	— 40 »	-- 42.50	45 »
Masseur Snyder	— 20 »	— 21.25	22.50
Bobine Andrieu.	— 7 »	— 8 »	8.50
Poignée d'Hercule	— 4 »	— 4.50	4.75
Cartes à déchirer. . . . . . . *Le kilo.*	— 1.75	— 2.25	2.75
Par colis de 3 kilos. 5.50		— 6 »	6.75
— 5 — — 8.50		— 9 »	9.75
Relieur automatique	— 2 »	— 2.50	3 »
Le " Musculateur " à air comprimé avec tableau complet des mouvements	— 25 »	— 26 »	27 »
Le Grandisseur Desbonnet, avec méthode spéciale.	— 35 »	— 36 »	40 »

HALTÈRES

		France			Étranger
Haltères à ressorts "SANDOW"	Pour enfants (nickelés) .	13.50 la paire; *franco* 14.50	15.50
	— jeunes filles	13.50 — — 14.50	15.50
	— garçons	13.50 — — 14.50	15.50
	— jeunes gens	15.50 — — 16.50	17.50
	— dames.	15.50 — — 16.50	17.50
	— hommes.	17.50 — — 18.50	19.50
	— hommes (émaillés popul.)	13.50 — — 14.50	15.50

Haltères à ressorts **DESBONNET** du poids de 10 livres la paire, haltères perfectionnés. . 17.50 — — 18.50 | 19.50

Haltères automatiques à chargement progressif, légers et lourds :

De 2 à 5 livres, pour enfants :	9.50 la paire	
De 5 à 10 — pour jeunes gens	12.50 —	Pour les haltères plus lourds, demander le Catalogue spécial des Haltères automatiques à chargement progressif.
De 10 à 20 — pour hommes	19 » —	
De 20 à 40 — pour athlètes	30 » —	

DÉVELOPPEURS ET EXTENSEURS

		France		Étranger	
Développeur "SANDOW"	Pour enfants (5 à 10 ans). . .	15 fr. *franco* 16 fr.	17 fr.
	— adultes.	21 » — 22 »	23 »
	— obèses	21 » — 22 »	23 »
	— athlètes	25 » — 26 »	27 »
	Modèle populaire	16 » — 17 »	18 »
Chest Expander, extenseur à 5 branches détachables	10 » — 12 »	13 »	

Le Développeur
" SANDOW "

La **SANTÉ**, chose qui joue **le rôle** le plus **IMPORTANT DANS LA VIE**, se *conserve* si elle est *bonne* ou se **rétablit** si elle est **tombée**, **mieux** par des **exercices** ou du *sport rationnel* que par des **régimes, diètes** ou **drogues**.

Il **vous faut**, si *vous voulez avoir de la force et de la santé*, si vous **voulez être entraîné** pour **n'importe quel sport :**

UN DÉVELOPPEUR SANDOW

Cet *appareil* permet l'application chez soi du *système SANDOW*. **Eugène SANDOW** est, actuellement, *professeur de Culture Physique à la Cour du Roi d'Angleterre George V*, et sa réputation est devenue *mondiale*, grâce aux *merveilleux résultats* obtenus par *son appareil perfectionné qui fut maintes fois copié mais jamais égalé.*

Les *appareils SANDOW* sont en vente partout, au bureau de la *"SANTÉ par les SPORTS"* ou s'adresser à *l'Agence Générale, 58, Boulevard de Sébastopol, Paris.*

BRANCHES SIMPLES INTERCHANGEABLES
EXTENSEUR DE 1 A 6 BRANCHES
FORCE ET DURÉE DOUBLÉES
SIMPLICITÉ DE MONTAGE

PRIX

Modèle pour adulte	**21 Fr.**
— — athlète	**25 Fr.**
— populaire	**16 Fr.**
— pour enfant	**15 Fr.**

Avec chaque appareil, des tableaux d'exercices à faire, et toutes les instructions nécessaires sont données. On n'a pas besoin de professeur.

NOTA. — Il est nécessaire de **s'assurer de** l'acquisition du **vrai SANDOW** et non pas d'une **imitation.**

EXIGER LA MARQUE CI-CONTRE

A seule fin de mettre cet appareil à la portée de tous, **"La Santé par les Sports"** *offre* à tout acheteur du **" SANDOW DEVELOPER "** une leçon-démonstration gratuite *à prendre à l'École de Culture Physique* 48, FAUBOURG POISSONNIÈRE, 48 — PARIS

Dépilatoire du D' Johnson

La Boîte

4 fr.

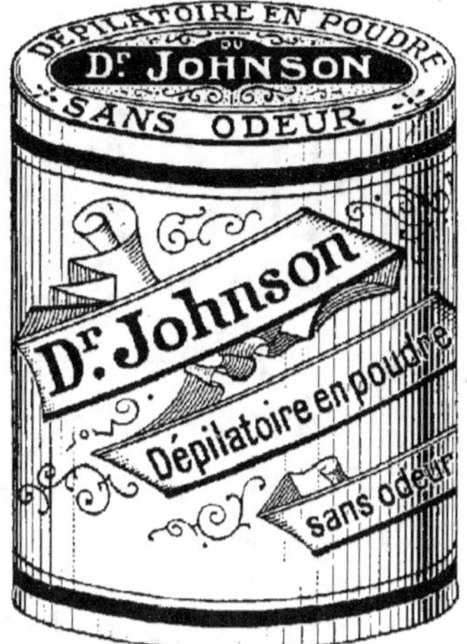

La Boîte

4 fr.

37, Faubourg Poissonnière = PARIS

et dans toutes les pharmacies.

SUPPRESSION RADICALE

DES

Dos Ronds, Attitudes Voûtées

GUÉRISON COMPLÈTE

DES

Déviations dorsales,

Sinuosités du rachis, Cyphoses,

Lordoses, Scolioses, etc.

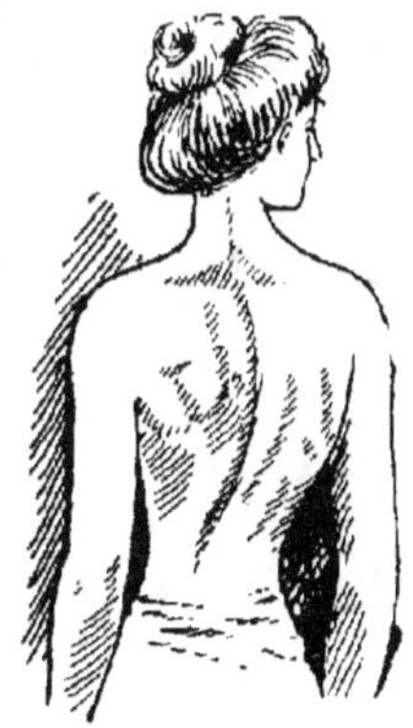

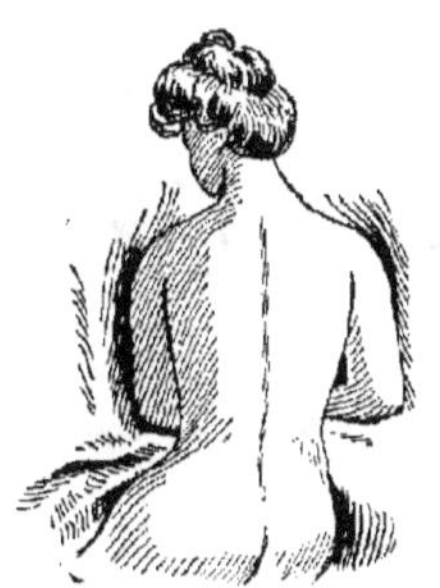

En un mot, de toutes les affections pathologiques de la
COLONNE VERTÉBRALE

Grâce à cinq minutes d'exercice quotidien avec le

GRANDISSEUR DESBONNET

Appareil véritablement scientifique

Le seul ayant fait ses preuves et donné d'incontestables résultats

En vente à	Prix :
La Santé par les Sports	*L'appareil et la méthode complète*
48, fg Poissonnière - Paris - Téléphone 125-03	**35 fr. — franco 36 fr. —** Étranger 40 fr.

Corderie LELIÈVRE

Maison fondée en 1800

Paul CLÉRIOT et BRETON

Successeurs [N.C.]

80, rue Montmartre — PARIS (IIe)

TÉLÉPHONE 125-29

Paris 1905. — Grand Diplôme d'honneur. — Gymnastique et hygiène

EXPOSITION UNIVERSELLE
PARIS 1900
Médaille d'Argent

EXPOSITION INTERNATIONALE
OSTENDE 1901
Médaille d'or

Agrès de Gymnastique, Exerciseurs et Extenseurs caoutchouc

JEUX DE LAWN-TENNIS

MARINE-SAUVETAGE-NATATION

Fournisseurs des Ministères de la Marine,
de la Guerre, des Postes et Télégraphes

Extenseur " CHEST EXPANDER " à 5 branches détachables
à volonté, force 40 kilos

Prix de réclame : 9 francs

avec tableau d'exercices et boîte carton.

Envoi par postal en France : 1 franc en plus

Trois minutes d'exercices le matin avant de s'habiller, avec cet extenseur,
rendent la souplesse aux muscles,
développent la poitrine et font ressentir un sentiment de bien-être général.

Le Gérant : GARDANNE.

Paris. — Soc. anon. des Imp. Wellhoff et Roche, 16-18, rue Notre-Dame-des-Victoires. — Ancean, Directenr.